Das Meerschweinchen

Katrin Behrend

Das Meerschweinchen

artgerecht halten,
gesund ernähren
und richtig verstehen

Fotos:
Karin Skogstad

Zeichnungen:
Renate Holzner

Inhalt

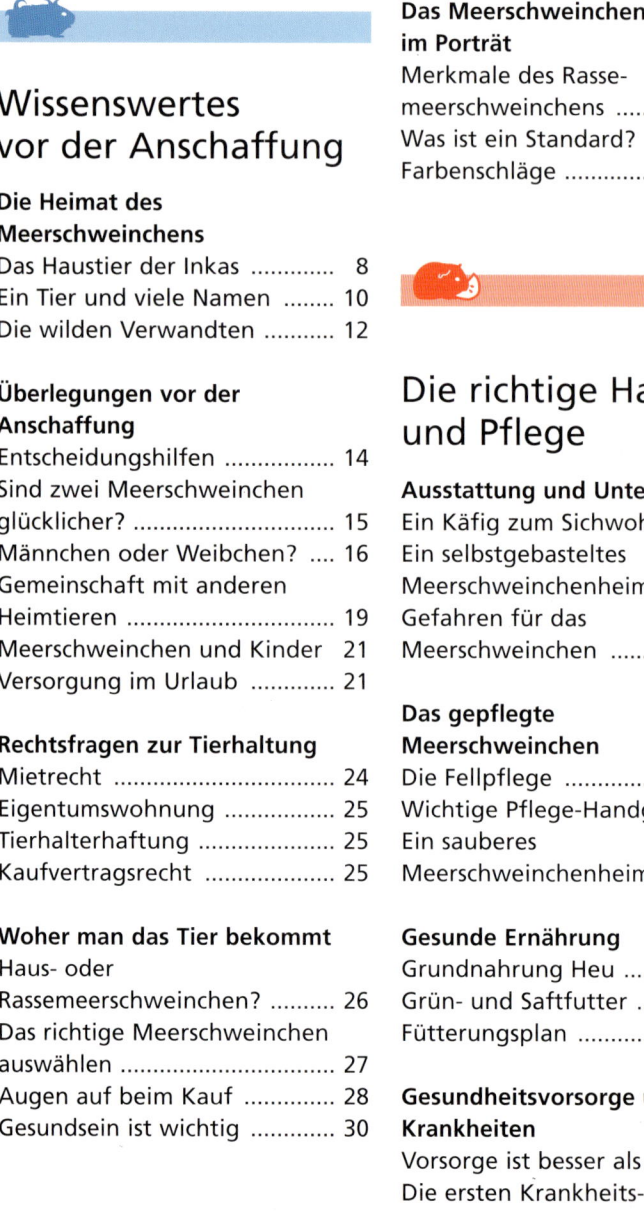

Wissenswertes vor der Anschaffung

Die richtige Haltung und Pflege

Verstehen lernen, spielen und beschäftigen

Allgemein Wichtiges

*Sich Aneinander-
kuscheln gehört
zum natürlichen
Kontaktverhalten.*

Wissenswertes vor der Anschaffung

*D*as Meerschweinchen stammt
aus Südamerika.
Spanische Eroberer und holländische
Kaufleute brachten es über das Meer zu
uns, und weil es quiekt und grunzt
wie ein Ferkelchen, hatte es seinen Namen
weg. Was Sie sonst noch über
das beliebte Kuscheltier wissen sollten,
erfahren Sie im folgenden Kapitel.

Friedliches Beisammensein am Futternapf. In Gesellschaft
fühlen sich Meerschweinchen am wohlsten.

Die Heimat des Meerschweinchens

Vor rund 10 000 Jahren begann die Freundschaft zwischen Meerschweinchen und Mensch. Und immer noch stehen diese gutmütigen Streicheltiere hoch in der Gunst der Heimtierhalter.

Das Haustier der Inkas

Mittel- und Südamerika ist die ursprüngliche Heimat unserer Meerschweinchen. Dort sind ihre Urahnen, die Wildmeerschweinchen, über den ganzen Kontinent verbreitet. In der Tat zieht sich ihr Lebensraum von der Atlantikküste Uruguays und Argentiniens über die trockenen Graslandschaften im Inneren des Kontinents bis zu den felsigen und höhlenreichen Andengebie-

ten im Westen und Norden. Daß sich diese zur riesigen Familie der Nager gehörenden Tiere vor 40 bis 35 Jahrmillionen auf dieser Erde etablierten, läßt sich zweifelsfrei nachweisen. Wann es jedoch zum Übergang vom Wild- zum Hausmeerschweinchen kam, hat man erst vor einigen Jahren aufgrund von Ausgrabungen feststellen können.

In Siedlungen, die 4000 m hoch in Zentralperu entdeckt wurden, fanden Archäologen nämlich unter anderem auch Schädel von Meerschweinchen. Diese wiesen Veränderungen auf, woraus die Forscher schlossen, daß die Domestikation zwischen 9000 und 3000 v. Chr. stattgefunden hat. Das hört sich nach einer sehr langen Zeit an, aber ein so scheues und sensibles Tier, wie es das Wildmeerschweinchen nun einmal ist (→ Überlebensstrategie, Seite 95), wird nicht von heute auf morgen zum Haustier.

In erster Linie werden es wohl Speisereste gewesen sein, die in Peru vor mehr als 10 000 Jahren – also noch vor der Inka-Zeit – die Wild-

Meerschweinchen haben die für Nagetiere typische »Hasenscharte«.

tiere zu den Menschen lockten. Außerdem genossen sie dort eine gewisse Geborgenheit sowie Schutz vor ihren natürlichen Feinden, die sich von den Menschen eher fern hielten. Vermutlich wurden sie erstmal geduldet, da sie ja auch keinen Schaden anrichteten. Zum Beispiel entdeckte man bei Ausgrabungen Ställe, die den damals noch nicht domestizierten Tieren sogar Auslauf mit Sonnenschutz boten.

Nach und nach gingen dann die Menschen dazu über, Meerschweinchen zu züchten und zu nutzen. Bei den Quetschua, dem Volk der Inkas, galten sie nicht nur als ein abwechslungsreicher Posten auf dem Speisezettel, sondern auch als Opfertiere. Vor allem braun- und weißgescheckte Tiere wurden dem Sonnengott geopfert oder Verstorbenen mit ins Grab gegeben.

Wie das »indische Schweinchen« nach Europa kam

Zahme Meerschweinchen blieben aber nicht nur eine Spezialität der Inkas. Auch die Indianer Panamas hielten sie sich als Haustiere. In den Berichten der spanischen Eroberer, die auf der Suche nach Schätzen das südliche Mittelamerika durchquerten, werden jedenfalls kleine, quiekende Tiere erwähnt, auf die sie überall in den Häusern stießen und von denen sie sich in mageren Zeiten sogar ernährt haben sollen. Sie jedoch neben Gold, Silber und Edelsteinen nach Spanien zu bringen, lag

wohl nicht in der Absicht der Konquistadoren. Dennoch müssen einige Meerschweinchen schon um 1540 nach Europa gelangt sein, denn der Schweizer Zoologe Konrad Gesner schrieb bereits 1554 »Über das indische Kaninchen oder Schweinchen«. Damals ging man ja davon aus, daß Kolumbus auf dem Seeweg Indien entdeckt hatte, und demzufolge war alles, was von dort kam, indisch.

Stammvater Wildmeerschweinchen.

Ob Nachkommen dieser ersten »Einwanderer« überlebt haben, ist ungewiß. Überliefert ist hingegen, daß Meerschweinchen um 1670 aus dem damaligen Niederländisch Guyana nach Holland kamen. Holländische Kaufleute fanden, daß sich diese possierlichen und zutraulichen Tiere gut zum Spielen für ihre Kinder eigneten und nahmen sie mit

*N*icht umsonst zählen Meerschweinchen zu den beliebtesten Heimtieren. Sie sind quicklebendig und unterhaltsam und machen »ihrem Menschen« viel Freude.

in die Niederlande. Die Tiere hatten keine Schwierigkeiten, sich in der neuen Umgebung einzuleben und vermehrten sich schnell.

Bald ging man dazu über, sie zu züchten, da man mit ihnen viel Geld erzielen konnte. Bereits um 1680 verkaufte man sie nach Frankreich und England. Allerdings waren nur reiche Leute in der Lage, sie sich als Kuriosität und Spielzeug für ihre Kinder zu leisten. Doch da es mit dem raschen und problemlosen Nachwuchs auch anderswo klappte, wurde der Handel mit Meerschweinchen bald uninteressant. Mit ihrer Verbreitung, die sich ihren Weg von Holland nach England, schließlich auch nach Deutschland und seine Nachbarländer bahnte, wuchs auch die Beliebtheit der kleinen Quieker, nicht zuletzt, weil sie in Haltung, Unterbringung, Ernährung und Zucht völlig unkompliziert waren.

Ein Tier und viele Namen

Die Herkunftsgeschichte des Meerschweinchens hat übrigens auch mit den Namen zu tun, die man diesem kleinen Tier in den verschiedenen Ländern gab. Daß er fast überall irreführend ist und gar nichts mit der eigentlichen Natur des Tiers zu tun hat, ist eine lustige Note am Rande.

Heute wird mehr und mehr die Bezeichnung Cavia benutzt. Sie ist dem wissenschaftlichen Namen für das Hausmeerschweinchen *Cavia porcellus* entlehnt und kommt der Wahr-

heit noch am nächsten. Cavia wird nämlich vom lateinischen *cavus* = Höhle abgeleitet und bringt damit zum Ausdruck, daß die Caviiden oder Meerschweinchen in Höhlen wohnen (→ Zoologische Zuordnung, Seite 11).

Die folgenden Erklärungen sind eine Zusammenfassung aller Deutungsversuche, die sich im Laufe der Zeit angesammelt haben.

<u>Im deutschsprachigen Raum</u> bezeichnet der Name Meerschweinchen ein kleines Tier, das in der Tat rundlich ist wie ein kleines Schwein mit tief herabhängendem Bauch und kurzen Beinen und das auch wie ein solches quiekt und sich bewegt. Mit »Meer« ist vielleicht die Herkunft von jenseits des großen Teichs gemeint. Vielleicht handelt es sich aber auch um eine Verballhornung von »Möhren«, demnach es eigentlich »Möhrenschweinchen« heißen müßte.

<u>In Holland</u> nannte man es anfangs auch Meerzwijn, wohl aus denselben Erwägungen. Aber dann ging man zu Guinees biggetje über, das Ferkelchen, das für eine Guinee, eine alte englische Goldmünze, einst teuer verkauft werden konnte. Heute ist Cavia, der lateinische Gattungsname, die geläufige Bezeichnung.

<u>Im Englischen</u> sind im Namen guinea pig ebenfalls das Schweinchen und die Goldmünze enthalten. Eine andere Version geht davon aus, daß man das Herkunftsland Guyana mit Guinea, der Kolonie in Afrika verwechselte. Daß guinea pig im englischen Sprachgebrauch etwa die glei-

che Bedeutung hat wie bei uns das Wort »Versuchskaninchen« ist sozusagen die traurige Kehrseite der Goldmünze.

Bei den Franzosen heißt das Meerschweinchen cochon d'Inde, Schwein aus Indien,

und bei den Spaniern conejillo de Indias, kleines Kaninchen aus Indien, was der zoologischen Zuordnung zu den Nagetieren noch am nächsten kommt. Doch in beiden Bezeichnungen steckt noch der irrige Glaube, damals den Westen Indiens entdeckt zu haben.

Zoologische Zuordnung

Das Meerschweinchen gehört zu den Nagetieren. Ihnen allen gemeinsam ist das Gebiß mit den wurzellosen, ständig nachwachsenden Schneide- oder Nagezähnen und der großen Lücke (Diastema) zwischen den Backen- oder Mahlzähnen.

Innerhalb der Ordnung der Nagetiere interessieren uns hauptsächlich die Wildmeerschweinchen der Gattung *Cavia*. Die am weitesten verbreitete Art ist *Cavia aperea*, die sich sowohl im Flachland als auch im Gebirge findet. Eine Unterart ist das

Steckbrief: Hausmeerschweinchen
(Cavia aperea porcellus)

Ordnung:	Nagetiere *(Rodentia)*
Unterordnung:	Meerschweinchenverwandte *(Caviomorpha)*
Familie:	Meerschweinchen *(Caviidae)*
Unterfamilie:	Eigentliche Meerschweinchen *(Caviinae)*
Gattung:	*Cavia*
Art:	*Cavia aperea*
Größe:	22 bis 35 cm
Gewicht:	Männliche Tiere bis 1 800 g, weibliche Tiere bis 1 100 g
Tragzeit:	ca. 68 Tage
Jungtiere:	1 bis mehr als 7
Geburtsgewicht:	40 bis 100 g
Merkmale:	Verschiedene Farben und Muster, Haarlängen und -strukturen
Nahrung:	Gras, Heu, Laub, Rinde, Früchte, Wurzeln, Blüten, Samen
Lebensweise:	Rudeltier
Lebenserwartung:	5 bis 10 Jahre
Verbreitung:	Süd- und Mittelamerika
Domestikation:	Zwischen 9000 und 3000 v. Chr.

Abstammung und persönliche Merkmale des Hausmeerschweinchens auf einen Blick.

im südlichen Mittelchile beheimatete Tschudi-Meerschweinchen *(Cavia aperea tschudii)*, die Stammform unseres Hausmeerschweinchens, so benannt nach dem Schweizer Südamerikaforscher J. J. von Tschudi.

Das Tschudi-Meerschweinchen kommt in Höhen bis zu 4200 m vor. Es zeichnet sich durch einen schlanken Körperbau und Gewandtheit im Klettern und Springen aus und lebt in kleinen Gruppen von fünf bis zehn Tieren in Erdbauten, die sie entweder selbst graben oder von anderen Tieren übernehmen. Nachts verlassen sie ihre Schlupfwinkel und laufen im dichten Gras auf festgetretenen Pfaden zu ihren Futterplätzen. Sie ernähren sich von Gräsern, Kräutern und anderen Pflanzenstoffen.

In freier Natur leben Meerschweinchen in kleinen Gruppen. Einzelhaltung bedeutet deshalb für diese geselligen Tiere seelischen Streß.

Die wilden Verwandten

Alle Verwandten unseres Hausmeerschweinchens aufzuführen würde den Rahmen unseres Buchs sprengen. Einige möchte ich jedoch vorstellen, vor allem, weil man von Aussehen und Verhalten her gar nicht glauben kann, daß sie dazu zählen.

Moko: Er wird auch Felsen-Moko genannt, bewohnt trockene, steinige Berglandschaften und hält sich unter Felsblöcken oder in Gesteinsspalten versteckt. Mokos können mit traumwandlerischer Sicherheit von Fels zu Fels springen und auf Bäume klettern, um Blätter zu fressen. Der Berliner Zoodirektor Ludwig Heck schreibt in Brehms Tierleben über die Klettergewandtheit: »Glattgebügelte Zement- und Rohglaswände, die 1,20 Meter hoch sind, überwinden die nur rattengroßen Racker leicht mittels mehrerer aufeinanderfolgender Quersprünge übereck. Von niedrigem Steingeröll springen sie über einen Meter hoch auf ein gläsernes Vordach.« Zudem sollen die Mokos leicht zu haltende, liebenswürdige Hausgenossen sein.

Große Mara: Ähnelt auf den ersten Blick mehr einem Hasen, weswegen sie früher auch Pampashase genannt wurde. Sie wird bis zu 75 cm groß und 9 bis 16 kg schwer. Ihr Lebensraum sind trockene Gras- und Buschlandschaften, in denen sie sich tiefe und weite Erdhöhlen gräbt. Sie kann schnell laufen, bis zu 2 m weit springen und ernährt sich ausschließlich von Pflanzen.

Wasserschwein: Das Wasserschwein ist der größte unter den Nagern. Es kann bis zu 1,30 m lang und 50 kg schwer werden. Der Indioname Capybara, was soviel wie »Herr des Grases« heißt, trifft den Kern weit mehr, denn es lebt in Wäldern mit dichtem Unterholz in der Nähe eines Gewässers und ist ein ausgezeichneter Schwimmer und Taucher.

Baumstachler: Die recht urtümlich wirkenden Baumbewohner sind überwiegend in Mittel- und Südamerika beheimatet. Körper- und Schwanzhaare sind zum Teil in Stacheln, oft mit Widerhaken, umgewandelt, eine wirksame Waffe gegen die meisten Feinde. Manche Arten haben einen Greifschwanz, mit dem sie sich an Ästen festhalten können.

Ein rauher Lavastein, auf den sich das Meerschweinchen beim Fressen stützt, hilft die Krallen abnützen.

Überlegungen vor der Anschaffung

Meerschweinchen können sich leider nicht aussuchen, in welche Hände sie kommen. Sie sind darauf angewiesen, daß die Zuneigung des Menschen ein Tierleben lang dauert.

Entscheidungshilfen

Wer noch nie ein Tier gehalten hat, weiß vielleicht gar nicht, was alles auf ihn zukommt. Prüfen Sie also vorher, ob auch wirklich alle Voraussetzungen für eine gute und artgerechte Meerschweinchenpflege vorhanden sind. Folgende zehn Entscheidungshilfen können dabei von Nutzen sein.

1 Ein Meerschweinchen kann acht bis zehn Jahre alt werden. Das bedeutet, daß Sie es so lange zuverlässig pflegen müssen.

2 Damit sich das Meerschweinchen wohl fühlt, sollte sein Käfig so groß wie möglich sein. In der Anschaffung ist das allerdings nicht gerade billig.

3 Der Käfig muß immer sauber, das Futter immer frisch sein. Dafür müssen Sie Zeit und Arbeit aufwenden.

4 Ein Meerschweinchen braucht Ansprache und Beschäftigung, damit es nicht dumpf in seinem Käfig dahinvegetiert.

5 Beim Auslauf in der Wohnung kann es vorkommen, daß das Tier Möbel und Tapeten annagt, Haare auf dem Teppich verliert und Pfützchen oder Kotkügelchen hinterläßt. Bringen Sie Toleranz dafür auf?

6 Wenn Sie das Meerschweinchen Ihrem Kind schenken, sollten Sie immer ein Auge darauf haben und sich mitverantwortlich fühlen.

7 Denken Sie daran, daß Ihr Meerschweinchen während Ihres Urlaubs oder eines Krankenhausaufenthalts auch versorgt werden muß.

Lebhafte Reaktion auf eine bekannte liebevolle Ansprache.

8 Wenn das Meerschweinchen krank ist, müssen Sie es zum Tierarzt bringen. Eine Behandlung kann vielleicht teuer werden.

9 Haben Sie schon Heimtiere, die sich mit einem Meerschweinchen womöglich nicht vertragen?

10 Wichtig: Bitte klären Sie vor der Anschaffung, ob Sie oder ein Mitglied Ihrer Familie auf Tierhaare allergisch reagiert (→ Seite 128).

Sind zwei Meerschweinchen glücklicher?

Meerschweinchen sind gesellige Tiere, die in der Natur in Sippen zusammenleben. Sie vertragen sich im allgemeinen sehr gut miteinander und haben sich immer viel zu sagen. Gerne kuscheln sie zusammen oder laufen quiekend und gurrend hintereinander her.

Artgerecht ist es also nicht, ein Meerschweinchen einzeln im Käfig zu halten. Nur wenn Sie sich intensiv um das Tier kümmern können und nicht den ganzen Tag wegen Berufstätigkeit außer Haus sind, fühlt es sich auch allein wohl.

➤ Ein einzelnes Tier ist für ein Kind, das sich einen Spielkameraden wünscht, geeigneter. Es wird schneller zahm, und das Vertrauen, das sich zwischen ihm und dem Kind als Partner aufbaut, ist dauerhaft (→ Meerschweinchen und Kinder, Seite 21). Allerdings darf das Kind nicht über kurz oder lang die Lust an seinem neuen Spielkameraden verlieren.

Äpfel sind eine Lieblingsspeise.

Wenn sich jedoch erst nach einer Weile herausstellt, daß wegen Hausaufgaben oder wachsender anderweitiger Beschäftigungen zu wenig Zeit für das Tier übrigbleibt, gibt es noch immer die Möglichkeit, ein zweites Meerschweinchen dazuzukaufen.

➤ Bei einem Pärchen kann man vier- bis fünfmal im Jahr mit Nachwuchs rechnen. Junge Meerschweinchen sind zwar reizend, aber wohin mit ihnen? Sie müssen sie unbedingt vor der Geschlechtsreife loswerden, sonst kommt es zur uferlosen Vermehrung (→ Seite 91). Sinn hat das nur, wenn Sie züchten wollen. Oder Sie lassen eines der Tiere kastrieren, ein Eingriff, der beim Männchen leichter und schneller zu vollziehen ist.

➤ Zwei Weibchen vertragen sich auf jeden Fall sehr gut. Hat man also schon eines, empfehle ich Ihnen die Anschaffung eines weiteren weiblichen Tiers.

➤ Auch zwei Männchen lassen sich zusammen im Käfig halten. Voraussetzung ist, daß sie Geschwister sind beziehungsweise zusammengesetzt wurden, als sie noch jung waren. Wenn sie während oder nach der Geschlechtsreife keinen Kontakt zu Weibchen hatten, verstehen sie sich im Erwachsenenalter ebenfalls gut. Diese Regel gilt auch, wenn Sie ein junges Männchen einem alten zugesellen wollen. Die beiden vertragen sich solange, bis einer von ihnen, selbst nur für kurze Zeit, bei einem Weibchen war. Danach werden sie sich wahrscheinlich in die Haare geraten (→ Seite 95). Zwei alte Männchen werden sich immer bekämpfen, auch nach der Kastration, wenn diese erst nach der Geschlechtsreife erfolgt.

Durch leichten Druck auf den Bauch tritt beim Männchen der Penis hervor.

Beim Weibchen ist das Geschlechtsorgan ein Y-förmiger Spalt, der sich bis zur Afteröffnung hinzieht.

Männchen oder Weibchen?

Es gibt ein paar Punkte, die für oder gegen die Haltung eines Männchens beziehungsweise eines Weibchens von Bedeutung sind. Sie sollten sie in Ihre Überlegungen miteinbeziehen.

Ein Männchen oder Bock ist im allgemeinen größer und schwerer als ein Weibchen, auch lebhafter. Manchmal muß man etwas mehr Geduld haben, um sein Vertrauen zu gewinnen. Mit Erreichen der Geschlechtsreife verbreitet der Bock einen strengen Geruch, der aber gemildert wird, wenn Sie das Tier kastrieren lassen (→ Seite 17).

Ein Weibchen bleibt kleiner und riecht mit dem Erlangen der Geschlechtsreife auch nicht so streng wie das Männchen. Ob es tatsächlich anhänglicher ist, wie allgemein gesagt wird, läßt sich mit Bestimmtheit nicht behaupten. Es kommt immer auf das Tier an beziehungsweise auf die Zuwendung, die man ihm entgegenbringt. Was allerdings in den Erzählungen immer wieder eine Rolle spielt ist die Tatsache, daß Sie sich beim Kauf eines Weibchens ein trächtiges Tier einhandeln können. Häufig gibt es auch diese Version: Kinder treffen sich zum Spielen mit ihren Meerschweinchen, und wenn darunter auch ein Männchen ist, kann das Weibchen gedeckt werden. Von den Kindern kann das durchaus gewollt sein, und Sie sollten dann nicht etwa schimpfen, sondern ihnen genau erklären, welche Folgen das haben kann (→ Seite 91).

Einige Bemerkungen zur Kastration

Kastration wird bei Meerschweinchen dann empfohlen, wenn Sie ein Pärchen halten, aber es nicht dauernd mit Nachwuchs zu tun haben wollen. Zu beachten ist dabei folgendes:

➤ Ein Weibchen zu kastrieren ist schwierig und risikoreich. In der Regel wird der Tierarzt von einer solchen Operation abraten.

➤ Ein gesundes Männchen wird die Operation meist gut überstehen. Lag aber schon vorher eine versteckte Krankheit vor, so wird diese danach bestimmt zum Ausbruch kommen.

Unterschied zwischen Wild- und Hausmeerschweinchen

	Wild-meerschweinchen	Haus-meerschweinchen
Körperbau	schmal, mit längeren Hinterbeinen,	rundlich, insgesamt plumper, dickere Beine und größere Füße
Kopf	spitznasig	plumper, mit größeren Ohren
Fell	kurzhaarig, rauh, dunkelgraubraun bis schwarz (wildfarben)	kurz- oder langhaarig, glatt oder mit Wirbeln, viele Farben
Augenfarbe	dunkel	dunkel oder rot
Innere Organe	kleiner Magen, kurzer Dünndarm, langer Blind- und Dickdarm	großer Magen, langer Dünndarm, kurzer Blind- und Dickdarm
Kot	reichlich	wenig
Tragzeit	60 Tage	68 Tage
Geburtsgewicht	40–50 g	85–90 g
Besonderheit	können Sprünge bis zu $^3/_4$ m machen	

Die Entwicklung vom Wild- zum Haustier ist nicht ohne Veränderung vor sich gegangen.

Nichts lieber hat Strupphaar, als von »seinem« Kind gestreichelt zu werden.

Eine Kastration wegen des Geruchs sollte bis zum 8. Monat gemacht sein, da sich sonst nach der Operation nichts daran ändert.

Achtung: Ein Bock kann nach der Operation noch bis zu 6 Wochen deckfähig sein. Sein Werben um das Weibchen behält er bei, nur ist er nach der Kastration friedlicher im Wesen und riecht weniger als vorher. Mit anderen Männchen ist er meist verträglicher, Beißereien sind aber trotzdem nicht ganz auszuschließen. Es kann vorkommen, daß der Bock faul und dick wird. Böcke, die unter 3 Monaten kastriert wurden, werden später nicht so groß wie andere.

Weibliche Meerschweinchen vertragen sich übrigens mit kastrierten Böcken genauso wie mit unkastrierten, da letztere ihr Werbeverhalten ja nicht ablegen. Es kann aber durchaus vorkommen, daß ein Weibchen den kastrierten Bock dominiert und ihm das Futter wegnimmt.

Geschlechtsbestimmung

Erwachsene Tiere unterscheiden sich ja wenigstens in der Größe, so daß man per Augenschein schon mal eine Auswahl treffen kann. Junge Tiere sind alle gleich groß.

Einfach ist es, wenn Sie den kleinen

Quieker beim Züchter oder einem erfahrenen Zoofachhändler kaufen. Doch sehr oft bekommt man ihn von Freunden oder Nachbarn geschenkt. Dann sollten Sie selbst Bescheid wissen.

➤ Beim jungen Männchen ist ein Abstand zwischen Geschlechts- und Afteröffnung zu erkennen. Drückt man dem Böckchen in der Nähe der Analregion mit dem Zeigefinger vorsichtig! auf den Bauch, tritt der Penis hervor. Beim älteren Männchen sind rechts und links neben dem After die Hoden als Wülste deutlich zu erkennen (→ Zeichnung, Seite 16).

➤ Beim Weibchen ist das Geschlechtsorgan ein länglicher Spalt in Y-Form, der sich bis zur Afteröffnung hinzieht.

Gemeinschaft mit anderen Heimtieren

Mit manchen Tieren können innige Freundschaften entstehen, bei anderen ist Vorsicht geboten, oder es führt überhaupt kein Weg zueinander.

Zwergkaninchen: Im allgemeinen vertragen sich Meerschweinchen gut mit ihnen, manchmal sogar besser als mit einem Artgenossen. Das Kaninchen beschützt seinen kleinen Freund, kuschelt mit ihm und schleckt ihn ab. Es kommt aber auch immer wieder vor, daß das Kaninchen seinen Käfiggenossen beißt.

Hund: Wenn Sie bereits einen Hund haben, müssen Sie ihn daran gewöhnen, ein Meerschweinchen als Hausgenossen zu akzeptieren. Wenn beide noch jung sind, ist das meist zu schaffen. Ist Ihr Hund aber schon eine Weile bei Ihnen, dürfen Sie ihm keinen Grund zur Eifersucht geben. Hütehunde sollen sich besonders gut mit Meerschweinchen vertragen. Verlassen Sie sich aber nicht darauf. Meerschweinchen, die frei auf dem Balkon oder im Garten herumlaufen, können den Jagdtrieb des Hundes wecken, und dann genügt ein Biß, um es zu töten.

Katze: Je nach Größe betrachtet sie das Meerschweinchen erstmal als Beutetier, tatzelt nach ihm und kann es böse verletzen. Wachsen die beiden zusammen auf, vertragen sie sich meist gut. Meerschweinchen, die auf dem Balkon oder im Freien gehalten werden, müssen vor Katzen immer geschützt sein.

Mäuse und Ratten: Eine gemeinsame Käfighaltung ist möglich. Bei Mäusen darf der Käfig oben nicht offen sein, weil sie hinausklettern können. Auch Ratten sind entgegen der landläufigen Meinung umgängliche Partner, die sich nicht einmal an den Jungen »vergreifen«. Hingegen können manche Meerschweinchen Ratten nicht leiden und verjagen sie.

Goldhamster: Hier gibt es unterschiedliche Erfahrungen. Die einen sagen, eine gemeinsame Käfighaltung sei unmöglich, da Meerschweinchen sich gegen die Angriffslust der Hamster nicht zur Wehr setzen können. Andererseits weiß

*E*in Meerschweinchen allein zu halten, entspricht nicht seiner Natur. Wer den ganzen Tag nicht zu Hause ist, sollte seinem Einzeltier ein zweites zugesellen.

man auch von Freundschaften zu berichten.

<u>Schildkröte:</u> Besser nicht, da Meerschweinchen die Schildkröten anzuknabbern versuchen.

<u>Streifenhörnchen:</u> Die Tiere »sprechen« verschiedene Sprachen.

<u>Vögel:</u> Manch vorwitziger Vogel stibitzt dem Meerschweinchen das Futter weg. Wellensittiche knabbern gerne an Meerschweinchenohren. Papageien und größere Sittiche sind schnell eifersüchtig und hacken nach dem Tierchen.

Nur, wenn das Meerschweinchen Vertrauen hat, wird es zahm.

Das Meerschweinchen Penny

Als Julia anfing, mir zu schreiben, war sie elf. Sie hatte im Moment das Meerschweinchen einer Freundin in Pflege, glaubte aber, daß diese mit ihren sechs Jahren zu klein sei, um ein Haustier zu halten. Schnuckl war sehr scheu und nervös, traute sich kaum aus ihrem Schlafhäuschen und schreckte bei der geringsten Bewegung zusammen. Deswegen hatte Julia sie noch nie gestreichelt oder auf den Schoß genommen, obwohl sie sich mit ihr intensiv beschäftigte und aus der Hand zu fressen gab. Für ihr Leben gern wollte Julia ein eigenes Meerschweinchen, war aber durch dieses Verhalten sehr verunsichert und meinte nun, wohl nicht die allerglücklichste Hand mit Tieren zu haben.

Nachdem ich ihr geantwortet hatte, wuchs Julias Vertrauen offensichtlich und schwand auch nicht, als Schnuckl nach ihrem Finger schnappte. Vielleicht hatte sich das Tier ja durch ihr Kraulen gestört gefühlt, argumentierte sie, und ich hatte so das Gefühl, daß das eigene Meerschweinchen nun nicht mehr lange auf sich warten lassen würde. Tatsächlich berichtete Julia mir bald darauf überglücklich, wie süß Penny sei und daß sie genauso aussähe, wie sie es sich gewünscht habe: ein rot-weißes Glatthaar-Meerschweinchen. Penny durfte, während Julia vormittags in der Schule war, im Zimmer frei herumlaufen, und dabei hatte sie ihr Frauchen ganz nebenbei »erzogen«. Weil Julia immer ihre Schranktür aufließ, war Penny mit Apfel und Möhre zwischen die Pullover gezogen und hatte überdies auf ihren Lieblingspulli gepinkelt. Seitdem schloß Julia ihren Schrank immer gewissenhaft.

Meerschweinchen und Kinder

Für Kinder sind Meerschweinchen ideal, denn sie bringen alle Voraussetzungen mit, die sich diese bei Tieren wünschen. Sie sind gesellig, mögen gern gestreichelt werden und werden um so lebhafter und aufgeweckter, je mehr Ansprache sie haben. Zudem lernen Kinder so ganz nebenbei, vernünftig und natürlich mit dem Tier umzugehen.

Dennoch sollten Sie als Eltern sich mitverantwortlich fühlen. Werfen Sie hin und wieder einen Blick in den Käfig, um zu sehen, ob das Meerschweinchen noch munter umherwuselt und regelmäßig frißt. Ein verändertes Verhalten weist namlich meistens auf eine Gesundheitsstörung hin, die Kinder vielleicht nicht gleich erkennen können.

☞ Hinweis: Schon manches Meerschweinchen ist von Kinderhänden aus lauter Liebe totgedrückt worden. Es wehrt sich nämlich nicht, kratzt und beißt nicht, zappelt nicht so heftig wie ein Kaninchen und kann nicht so gewandt hinunterspringen wie eine Katze. Machen Sie das Ihrem Kind rechtzeitig klar, um ihm die Erfahrung zu ersparen, daß das Tier womöglich durch seine Schuld gestorben ist.

Versorgung im Urlaub

Zu den Überlegungen vor dem Kauf gehört auch die Versorgung während des Urlaubs, eines Krankenhausaufenthaltes oder sonstiger eventuell unvorhergesehener Abwesenheiten.

<u>Zu Hause lassen</u>: Mit ausreichend Wasser, Trockenfutter und Heu kann Ihr Meerschweinchen ohne weiteres ein bis zwei Tage allein im Käfig bleiben. Bei längerer Abwesenheit brauchen Sie eine zuverlässige Person, die ein- bis zweimal täglich in die Wohnung kommt, dem Meerschweinchen zu fressen gibt, den

Mit beiden Händen gegen die Brust gehalten, fühlt sich das Tier am sichersten.

Käfig säubert und auch Zeit zum Schmusen und Spielen hat. Auf alle Fälle Pflegeanleitung und Adresse des Tierarztes hinterlassen. Zunehmend gibt es sogenannte Catsitter, die ihre Dienste gegen Entgelt in den Kleinanzeigen der Zeitungen anbieten und nicht nur für Katzen.

<u>Mitnehmen</u>: Wenn Sie Ihr Meerschweinchen mitnehmen wollen, muß es während der Reise entsprechend »verfrachtet« sein. Dauert diese nur kurz, genügt ein fester Karton mit Luftlöchern. Besser und für

weite Strecken unabdingbar ist ein Reisekäfig aus Kunststoff mit einer luftdurchlässigen Abdeckung und praktischen Tragegriffen. Fragen Sie vorher im Hotel oder in der Pension an, ob Ihr Hausgenosse auch erwünscht ist. Bei Auslandsreisen sollten Sie sich – rechtzeitig! – beim Konsulat oder Veterinäramt erkundigen, welche Formalitäten für den Grenzübertritt normalerweise notwendig sind.

☞ Hinweis: Meerschweinchen können auf einen plötzlichen Klimawechsel empfindlich reagieren. Überlegen Sie also vorher, ob Sie sich und dem Tier diesen Streß zumuten wollen.

In Pflege geben: Hierfür bieten sich liebe Nachbarn, Verwandte oder Freunde an. Kinder sind oft ganz begeistert, für ein paar Wochen die Pflege eines Tier zu übernehmen. Finden lassen sich solch nützliche Adressen über Anschläge in der nächsten Zoofachhandlung oder an den Schwarzen Brettern, die mittlerweile viele Supermärkte ihren Kunden zur Verfügung stellen (→ Adressen, Seite 127).

Mit dem Meerschweinchen auf Reisen

Eine Reise, ob mit Zug oder Auto, kann ein Meerschweinchen unbeschadet überstehen, wenn Sie folgendes beachten:

Ausstattung

➤ Ein Karton muß mit einer dicken Zellstoffschicht und Einstreu abgedeckt werden, damit kein Urin durchdringen kann. Der riecht unangenehm und hinterläßt Flecken. Streu gehört natürlich auch in den Reisekäfig.

➤ Als Proviant genügen Heu und Wasser im Trinkbehälter. Bei längerer Reise Frischfutter wie Obst oder Salat in Reserve haben.

Unterbringung

➤ Im Auto darf das Tier unter keinen Umständen im geschlossenen Kofferraum transportiert werden. In der Enge entsteht ein Hitzestau, unter dem das Meerschweinchen unnötig leiden müßte, den es sogar unter Umständen nicht überlebt. In den offenen Kofferraum eines Kombi oder auf die Rückbank können Sie den Karton oder Reisekäfig natürlich stellen. Legen Sie ein Tuch oder eine Decke locker darüber, um das Meerschweinchen vor Zugluft und praller Sonne zu schützen. Stellen Sie bei Pausen das Auto in den Schatten (Achtung, Sonne wandert!), und bleiben Sie nicht zu lange fort.

Bei längerem Parken entsteht stickige Luft, die dem Tier ebenfalls ziemlich zusetzen kann.

➤ Im Zug sollten Sie Ihr Meerschweinchen ins Abteil mitnehmen. Im Gepäckwagen fürchtet es sich sicherlich zu Tode. Wie im Auto vor Zugluft und praller Sonne schützen.

Ein Schlafhäuschen zum Sich-Verkriechen oder Draufsetzen und Ausschauhalten ist gerade richtig.

Rechtsfragen zur Tierhaltung

Im Zusammenhang mit der Haltung von Meerschweinchen ergeben sich manchmal rechtliche Probleme, die nur per Gerichtsurteil geregelt werden können. Die häufigsten Rechtsfragen sind im folgenden zusammengefaßt.

Mietrecht

Sind im Mietvertrag keine Bestimmungen über die Tierhaltung enthalten, so ist grundsätzlich davon auszugehen, daß die üblichen Heimtiere in der Mietwohnung gehalten werden dürfen. Denn die Heimtierhaltung gehört heute zu der allgemeinen Lebensführung und zum vertragsgemäßen Gebrauch der Mietwohnung, solange durch die Tierhaltung keine Belästigungen eintreten (AG Offenbach, Az.: 34 C 705/85; AG Schöneberg, Az.: 8 C 11/91; AG Friedberg, Az.: C 66/93; AG Heidelberg, Az.: 20 C 72/92). Dies gilt grundsätzlich und erst recht auch für die Haltung von Kleinnagern wie Zwergkaninchen und Meerschweinchen (AG Hannover, Az.: 11 C 393/79; AG Aachen, Az.: 6 C 500/88; AG Köln, Az.: 205 C 130/83). Denn diese Tiere sind ihrer Art und Natur nach nicht geeignet, eine Störung des Hausfriedens hervorzurufen.

Weder geht von ihnen eine Geruchsbelästigung aus, noch geben sie Geräusche von sich, die zu einer Lärmbelästigung anderer Mitmieter führen könnte. Ferner sind diese Tiere nicht imstande, größere Beschädigungen an der Wohnung zu verursachen. Der Mieter braucht daher zur Haltung eines Meerschweinchens keine ausdrückliche Genehmigung. Problematisch wird es erst dann, wenn aus ein oder zwei Meerschweinchen eine ganze Zuchtgruppe mit sehr vielen Tieren wird. Hier wird man im Einzelfall prüfen müssen, inwieweit der Hausfrieden gestört sein könnte oder nicht.

Gestört ist nach der Rechtsprechung der Hausfrieden bereits dann, wenn übermäßig viele Heimtiere gehalten werden (OLG München, Az.: 5 U 7178/89) oder wenn Einstreumaterial mit der Folge einer Rohrverstopfung in die Toilette eingeleitet wird (LG Berlin, Az.: 64 S 17/93).

Soweit denkbar ist, daß gebrauchtes Käfigstroh riecht, ist dieses ordnungsgemäß zu entsorgen, so daß hierdurch keine Hausmitbewohner

belästigt werden. So stellt es nach der Rechtsprechung (AG Hamburg, Az.: 44 C 3/81) aber keine Belästigung der anderen Mitbewohner dar, wenn die riechende Käfigeinstreu in einer Plastiktüte verpackt im Mülleimer entsorgt wird.

Eigentumswohnung

Ein generelles Verbot der Haltung von Meerschweinchen in der Eigentumswohnung kann wirksam nur vertraglich durch einen einstimmigen Beschluß der Wohnungseigentümer beschlossen werden. Stimmenmehrheit reicht für ein Tierhaltungsverbot nicht aus (OLG Stuttgart, Az.: 8 W 8/82). Zulässig ist jedoch ein Beschluß der Wohnungseigentümer, der die Tierhaltung in der Eigentumswohnung auf eine vertretbare Zahl begrenzt (OLG Frankfurt, Az.: 11 W 142/87).

Tierhalterhaftung

Kommt ein Mensch oder eine Sache durch ein Tier zu Schaden, so haftet der Tierhalter stets nach § 833 BGB (Tierhalterhaftung).
Dies ist eine sogenannte Gefährdungshaftung, das heißt, der Tierhalter haftet auch dann, wenn ihm selbst kein persönlicher Vorwurf gemacht werden kann. Diese Grundsätze gelten nicht nur für große oder gefährliche Tiere, sondern auch für ein Meerschweinchen, das eventuell ein Kind beißt. Wird das Tier aber

provoziert, kommt ein Mitverschulden des Verletzten in Betracht, das unter Umständen so hoch anzusetzen ist, daß die Tierhalterhaftung sogar ganz oder teilweise zurücktreten kann.

Kaufvertragsrecht

Jeder, der ein Meerschweinchen käuflich erwirbt, schließt mit dem Verkäufer einen Kaufvertrag ab. Dieser Vertrag muß nicht schriftlich abgefaßt werden, denn auch ein mündlicher Kaufvertrag ist rechtsgültig. Stellt sich nach Übergabe des Meerschweinchens an den Käufer heraus, daß das Tier mit einem Fehler (also einer Krankheit) behaftet war, kann der Käufer seine gesetzlichen Gewährleistungsrechte geltend machen und beispielsweise vom Kaufvertrag zurücktreten oder aber den Kaufpreis mindern.
Voraussetzung hierfür ist aber immer, daß das Tier bereits bei Übergabe (und nur dann) krank war. Gerade bei Infektionskrankheiten läßt sich der Krankheitsbeginn nur schwer feststellen, so daß meistens nur sachverständige Tierärzte diese Frage klären können. Macht der Käufer solche Gewährleistungsrechte geltend, so muß er dies innerhalb von 6 Monaten von der Übergabe an gerechnet tun, da seine Gewährleistungsrechte sonst verjähren.

*M*an möchte es nicht glauben, aber auch so unproblematische Tiere wie Meerschweinchen können zu Unfrieden in der Hausgemeinschaft führen. Machen Sie sich schon im Vorfeld kundig über Ihre Rechte als Heimtierhalter.

Woher man das Tier bekommt

Ein Meerschweinchen sollte nicht nur hübsch aussehen, sondern auch gesund sein. Da ist es wichtig, an die richtige Stelle zu gehen und die Augen beim Kauf offen zu halten.

Haus- oder Rassemeerschweinchen?

Ihr Kind hat sich in das Meerschweinchen seiner Freundin verliebt, und nun will es unbedingt auch so ein süßes Tier haben. Es weiß auch schon, daß in der nächsten Zoofachhandlung junge Meerschweinchen zum Verkauf stehen. An ein bunt gescheckten Strupphaar hat es bereits sein Herz verloren, weil ihm die Haare so lustig zu Berge stehen und die eine Gesichtshälfte aussieht, als sei sie in schwarze Tinte getaucht worden. Meerschweinchen vermehren sich nicht nur »wie die Karnickel«, sie weisen auch, was die Zucht anbelangt, ähnliche Merkmale auf. Wem es allerdings nur um das kleine, quiekende Fellbündel geht, dem kann die Unterscheidung Haus- und Rassemeerschweinchen egal sein.
➤ Als Hausmeerschweinchen bezeichnet man alle Tiere, die nach keinen Regeln gezüchtet wurden und hauptsächlich in Farbzeichnung und Aussehen »Fehler« aufweisen können.

➤ Rassemeerschweinchen zeichnen sich durch verschiedene Färbungen und Haarstrukturen aus und sind das Ergebnis langjährigen Zuchtbemühens. Systematische Meerschweinchenzucht wird in England und Holland schon seit 100 Jahren betrieben. Jetzt findet dieses Hobby auch in den deutschsprachigen Ländern mehr und mehr Liebhaber. Wie diese Tiere im einzelnen aussehen, ist ausführlich im Kapitel »Das Meerschweinchen im Porträt« → Seite 32 beschrieben.

Wo findet man das Meerschweinchen seiner Wahl?

In Zoofachgeschäften oder in den Zoofachabteilungen großer Kaufhäuser gibt es Meerschweinchen in vielen Farben und mit verschiedenen Haarstrukturen. Dort bemüht man sich auch in zunehmendem Maße, Rassemeerschweinchen anzubieten.
Lassen Sie sich mit dem Kauf Zeit, und sehen Sie sich den Laden gut an. Leider gibt es auch in dieser

Branche reine Geschäftemacher, denen die artgerechte Haltung der Tiere keine Herzensangelegenheit ist. Ein guter Zoofachhändler bringt seine Meerschweinchen nicht zu dicht gedrängt auf engem Raum unter, hält Käfig und Futternapf sauber und achtet auf das Wohlergehen der Tiere. Außerdem wird er Sie bei der Auswahl ausführlich beraten.

Das richtige Meerschweinchen auswählen		
	Gesundes Meerschweinchen	**Krankes Meerschweinchen**
Körper	rundum gut gepolstert	eingefallene Flanken
Fell	dicht und glänzend	struppig, dünn, mit kahlen Stellen
Augen	blank und ein wenig feucht, ohne Ausfluß	zu trocken, verklebt, entzündet
Nase	trocken und warm	verkrustet, mit Ausfluß
Ohren	sauber	dunkelbraune Krusten, vermehrtes Kratzen
Afterregion	sauber	kotverschmiert
Füßchen	auf der Unterseite nackt und ganz glatt	entzündet, Krallen wachsen in verschiedene Richtungen
Verhalten	aufmerksam, munter, »unterhält« sich mit seinen Artgenossen	lustlos, apathisch

Für Auswahl und Kauf eines Meerschweinchens sind einige Gesichtspunkte sehr wichtig.

☞ Hinweis: Bei Durchfall (erkenntlich am verklebten Fell um die Afteröffnung) sollten Sie auch kein anderes Tier aus demselben Käfig kaufen oder sich schenken lassen. Durchfall kann ein Zeichen für ansteckende Bakterien- oder Virusinfektionen sein.

Das Recken und Strecken nach dem Leckerbissen tut gleichzeitig der Linie gut.

Bei einem Züchter lassen sich die besonderen Wünsche erfüllen. Informieren Sie sich am besten vorher auf einer Meerschweinchen-Ausstellung, denn dort bietet sich Ihnen eine gute Übersicht über die Auswahl an Rassen. Näheres erfahren Sie über den Verein Meerschweinchenfreunde Deutschland e.V. (→ Adressen, Seite 127).

☞ Hinweis: Die Kosten für Meerschweinchen schwanken sehr. Erkundigen Sie sich vorher, um gegen Phantasiepreise gewappnet zu sein. Über Zeitungsinserate unter der Rubrik »Tiermarkt« werden immer wieder junge Meerschweinchen kostenlos angeboten. Zeigt sich der Besitzer sehr besorgt, wie und wo sein Tier untergebracht sein wird, können Sie sicher sein, daß es aus einem »guten Stall« kommt.
In der Nachbarschaft gibt es oft jemanden, der junge Meerschweinchen zu verschenken hat. Auch für solche Angebote und Nachfragen erweist sich das Schwarze Brett im Supermarkt an der Ecke als nützlich.

Augen auf beim Kauf

Wahrscheinlich haben Sie sich Ihren neuen Hausgenossen bereits angeschafft – das »Buch zum Tier« erwirbt man ja meistens erst beim Kauf oder nachdem es zu Schwierigkeiten gekommen ist. Meine Ratschläge klappern also ein wenig nach. Sei's drum, vielleicht gibt es ein nächstes Mal.

Egal, ob Sie Ihren neuen Hausgenossen nun kaufen oder geschenkt bekommen, Sie sollten sich für Ihre Wahl viel Zeit lassen. Richten Sie Ihr Augenmerk auf folgendes (→ Tabelle, Seite 27):
➤ Suchen Sie sich am besten ein Jungtier aus. Es sollte etwa fünf bis sechs Wochen alt sein. In diesem Alter ist es noch merklich kleiner als ausgewachsene Tiere und wiegt zwischen 300 und 600 g. Ein weibliches Tier, das älter als zwei Monate ist, kann bereits trächtig sein (→ Seite 82).
➤ Meerschweinchen sind gesellige Tiere. Beobachten Sie also aufmerksam, wie sich das Tier Ihrer Wahl zu seinen Artgenossen verhält. Ist es munter und fidel und spielt mit ihnen, oder sitzt es apathisch in einer Ecke und sondert sich ab? Letzteres deutet auf eine Krankheit hin.
➤ Schauen Sie sich das Fell an. Starker Haarausfall, dünnes Fell und kahle Stellen sind Zeichen von Krankheit oder Alter.
➤ Untersuchen Sie die Zähne des Meerschweinchens – im Geschäft mit Hilfe des Zoofachhändlers. Bei einer schlechten Zahnstellung ist später mit Schwierigkeiten zu rechnen (→ Zahnkontrolle, Seite 30).
➤ Achten Sie auch auf die Füße und Krallen. Hinkt das Meerschweinchen, hat es vielleicht eine Entzündung.

☞ Hinweis: Nehmen Sie etwas Nistmaterial aus dem Verkaufskäfig mit. Das erleichtert dem Meerschweinchen die Eingewöhnung.

𝒲enn Sie ein Meerschweinchen auswählen und kaufen, sollten Sie in der Lage sein, sich selbst ein Bild über dessen Gesundheitszustand zu machen.

Gesundsein ist wichtig

Wenn Meerschweinchen richtig ernährt und gepflegt werden und ausreichend Bewegung haben, werden sie eigentlich selten krank. Zur Erhaltung dieses Zustands können Sie beitragen, indem Sie von Zeit zu Zeit die folgenden Kontrolluntersuchungen durchführen. Zur artgerechten Haltung gehört, daß das Tier genauso leben kann, wie es seiner Art zukommt. Sitzt es aber einmal lustlos und gelangweilt herum, muß das nicht gleich an einer Gesundheitsstörung liegen.

Zahnkontrolle

Die Zähne eines Meerschweinchens wachsen wie die Krallen ständig nach. Wenn sie sich nicht genügend abnützen können, werden sie zu lang und hindern das Tier beim Fressen, bis es schließlich gar kein Futter mehr aufnehmen kann. Dann müssen sie vom Tierarzt abgeschnitten oder abgeschliffen werden (Nachwachsende Zähne → Seite 59). Zur Zahnkontrolle öffnen Sie vorsichtig das Mäulchen (→ Zeichnung 1). Stützen Sie dabei das Tier mit der einen Hand unterm Bauch, und fassen Sie mit der anderen den Kopf hinter den Zähnen mit leichtem Druck. Unwillkürlich öffnet das Meerschweinchen dabei sein Mäulchen.
Die Nage- oder Schneidezähne von Ober- und Unterkiefer müssen sich berühren; dann stehen sie richtig und nutzen sich ordnungsgemäß ab.
Die Backenzähne beißen aufeinander. Manchmal schleifen sie sich zu scharfkantig ab und verletzen Backen und Zunge. Prüfen Sie das mit dem Finger.

Afterkontrolle

Kotverklebungen am After deuten auf Durchfall hin, der vielfältige Ursachen haben kann, zum Beispiel Verdauungsstörungen durch falsche Ernährung, Parasitenbefall des Darms, Infektionen oder Viruserkrankungen. Durchfall ist also, vor allem wenn er länger anhält, immer ein Alarmsignal des Körpers und muß sorgfältig beobachtet werden (→ Seite 78/79). Am besten den Tierarzt aufsuchen. Die verklebte Afterregion wird mit einem feuchten Tuch gereinigt (→ Zeichnung 2).

Hautkontrolle

Hautkrankheiten kommen bei Meerschweinchen aus den verschiedensten Ursachen vor. Sie sollten deshalb die Haut regelmäßig kontrollieren, um eine mögliche Krankheit schnell zu erkennen und im Keim zu ersticken. Das ist auch wichtig, da manche Hautkrankheiten auf den Menschen übertragbar sind (→ Seite 75). Deutliche Anzeichen, daß etwas nicht stimmt, sind ständiges Kratzen an bestimmten Stellen, Schreckhaftigkeit und Unruhe.

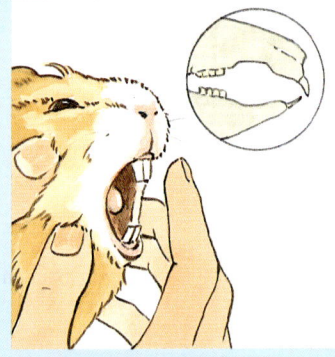

1 Die Zähne müssen richtig stehen, sonst nützen sie sich nicht ab.

2 Eine kotverklebte Afterregion weist auf Durchfall hin.

3 Verschmutzte Ohrmuscheln mit Papiertaschentuch auswischen.

Parasiten wie Haarlinge oder Milben sind an entzündeten Stellen und Haarausfall zu erkennen. Hautpilzerkrankungen, zum Beispiel die Mikrosporie, sind an kreisrunden, haarlosen Stellen zu erkennen, die zum Teil starke Krusten- beziehungsweise Schuppenbildung aufweisen. Die Haare fallen an diesen Stellen oft aus. Meist ist der Juckreiz nur schwach ausgeprägt. Ihr Meerschweinchen kann aber auch unter Allergien leiden oder an Hormonstörungen. Sachgemäß behandelt werden können alle diese Erkrankungen nur vom Tierarzt.

Ohrenkontrolle

Meerschweinchenohren können innerlich von Ohrmilben, äußerlich von einer Hautkrankheit befallen werden oder sich entzünden. Bei regelmäßiger Kontrolle lassen sich solche Erkrankungen rechtzeitig erkennen und sofort behandeln, damit sie nicht schlimmer werden (→ Zeichnung 3). Anzeichen sind vermehrtes Kratzen am Ohr. Braune Verkrustungen und unangenehmer Geruch bedeuten Ohrmilben. Stark gerötete und entzündete Haut im Gehörgang (mit einer Taschenlampe hineinleuchten) sind Anzeichen für eine Ohrenentzündung. Kleine kahle Stellen an den Ohren weisen auf eine Hautkrankheit hin. Sobald Sie eines oder mehrere der genannten Krankheitsanzeichen feststellen, sollten Sie umgehend den Tierarzt zu Rate ziehen.

31

Das Meerschweinchen im Porträt

Meerschweinchen zu züchten, ist in England und Holland schon seit vielen Jahren üblich. Nun werden auch hierzulande Ausstellungen organisiert und die schönsten Tiere prämiert.

**Merkmale des Rasse-
meerschweinchens**

Ein reinrassiges Meerschweinchen hat ganz bestimmte Merkmale aufzu-weisen, die von einer Standardkom-mission vorgeschrieben und auf Aus-stellungen bewertet werden. Für das Rassemeerschweinchen gelten fol-gende Richtlinien:

Körperbau: Gut bemuskelt und kräftig, aber nicht plump, dick oder fett. Im Typ breit und kurz, Hinter-partie gut abgerundet und schwanz-los.

Beine: Gerade und kräftig.

Kopf: Kräftig, zwischen Augen und Ohren breit, Nase stark gebogen, Schnauze schön rund und mit gut entwickelten Wangen.

Augen: Groß und klar, etwas vor-stehend.

Ohren: Fleischig und waagerecht abstehend, Form eines Rosenblatts, in der Mitte etwas gewellt und leicht hängend.

Gewicht: 900 bis 1200 g.

Fell: Beurteilt wird die Beschaffen-heit der verschiedenen Haarstruk-turen.

Besondere Rassemerkmale: Verschiedene Farben und Zeich-nungsarten.

Was ist ein Standard?

Als Standard bezeichnet man die Be-schreibung des »idealen« Tiers einer Rasse.

Danach werden Rasse-Meerschwein-chen vom Verein der Meerschwein-chenfreunde Deutschland e.V. auf Ausstellungen bewertet. Auf den fol-genden Seiten ist beschrieben, wie die Meerschweinchen-Rassen nach Fell (Farbe, Zeichnung), Krallen und Augen gemäß dem Standard aus-sehen sollen.

Rassen

Die anerkannten Rassen unterschei-den sich hauptsächlich in der Be-haarung.

Die bisher geläufigen Bezeichnungen Glatthaar-, Rosetten- und Angora-Meerschweinchen sind, seit es auch in Deutschland einen Standard gibt, verfeinert worden. Noch lehnt sich

Drei Fellbündel: Sheltie Dreifarbig (links), Holland Angora Rot-Weiß (Mitte) und Alpaka Rot-Weiß (rechts).

der deutsche Standard in den Be-
schreibungen an den holländischen
Standard an, das heißt, die bei den
einzelnen Rassen aufgezählten Farben sind in Holland anerkannt. Allerdings gibt es auch Bestrebungen,
in England anerkannte Rassen in
den deutschen Standard aufzuneh-
men. Es ist eben alles noch im Fluß,
und sicher lassen auch hierzulande
Neuzüchtungen nicht lange auf sich
warten.
Anerkannt sind Normalhaar, English
und American Crested, Rosette,
Langhaar (Peruaner), Sheltie
(Peruanisches Seidentier), Satin, Rex
und Texel.

Farbenschläge

Man spricht von Farbenschlägen,
wenn eine einheitliche Grundfarbe
vorhanden ist, die gleichmäßig über
den ganzen Körper verteilt sein soll.
➤ Aguti
Dieser Fachausdruck für Wildfarben
bezeichnet eine Fellfarbe, die der
der wildfarbenen Vorfahren am
nächsten kommt. Die Färbung entsteht durch die zwei- bis dreifache
Hell-Dunkel-Bänderung jedes einzelnen Haars, wobei die Haarspitze immer dunkel ist, das sogenannte
Ticking. Streifen, Flecke und Schek-
kung sind bei dieser Farbe nicht erlaubt.

Gold-Aguti: Schwarz/Rot. Augen dunkel. Krallen schwarz.
Grau-Aguti (Wildfarbe): Schwarz/Buff. Augen dunkel. Krallen schwarz.
Silber-Aguti: Schwarz/Silbergrau. Augen dunkel. Krallen schwarz.
Cinnamon-Aguti (Zimtfarben): Zimtfarben/Silberweiß. Feueraugen. Krallen braun.
Salm-Aguti (Lachsfarben): Gold/Lilac. Augen rot. Krallen hornfarbig.
➤ Einfarbig
Schwarz: Tiefes Schwarz. Augen dunkel. Krallen schwarz.
Schokolade: Wie Bitterschokolade. Feueraugen. Krallen dunkel.
Lilac: Hellblau, mit rosa Schimmer. Augen rot. Krallen hornfarbig.
Beige: Dunkle Rahmfarbe, mit grauem Schimmer. Augen rot. Nägel hornfarbig.
Rot: Tiefdunkles, warmes Rot (wie Irish Setter). Augen dunkel. Krallen dunkle Hornfarbe.

Englisches Schopfmeerschweinchen.

Gold: Warmes Orange. Augen rot. Krallen hornfarbig.
Buff (Ockerfarben): Dunkles Gelb. Augen dunkel. Krallen hornfarbig.
Creme: Helle Rahmfarbe. Augen dunkel. Krallen hornfarbig.
Weiß: Reines Weiß. Augen dunkel, blau oder rot. Krallen hell.

Zeichnungsarten

Bei mehrfarbigen Tieren sind die verschiedenen Farben in bestimmten Musterungen auf dem Fell verteilt. Diese nennt man Zeichnungsarten.
Brindle: Rote und schwarze Haare gleichmäßig über den Körper verteilt. Augen dunkel. Krallen dunkel.
Schildpatt: Möglichst gleichmäßige Verteilung scharf abgegrenzter, roter und schwarzer Farbfelder (Karozeichnung). Augen dunkel. Krallen dunkel.

Ein Normalhaar in den Farben Gold-Aguti-Rot-Weiß.

Japaner: Eine Gesichtshälfte rot, eine schwarz, Ohren jeweils die entgegengesetzte Farbe. Rumpf rot und schwarz gebändert (Zebrazeichnung). Augen dunkel. Krallen dunkel.

Schildpatt und Weiß (Dreifarbig): Auf jeder Körperseite möglichst gleichmäßige Verteilung von scharf abgegrenzten Farbflecken in Schwarz, Rot und Weiß. Unterschiedliche Farbe der Augen (dunkel oder rot) und weiße Krallen sind erlaubt. Anerkannt ist auch die Farbkombination Schokolade-Rot-Weiß.

Der Satinglanz ist etwas Besonderes.

Holländer: Auf beiden Seiten des Kopfes (dazwischen weiße Blesse) und hinterem Körperdrittel die gleiche Farbe, Rest weiß, die beiden Hinterfüße zur Spitze hin weiß (Manschetten). In Schwarz, Schokolade, Rot und Aguti. Augen dunkel. Krallen farblos.

Himalaya/Russe: Weiß mit dunkler Maske, die im Idealfall birnenförmig ist und bis zur Augenlinie reichen sollte, das heißt, nur die Nase bedecken darf. Auch Ohren und Füße müssen dunkel sein. Erlaubt in Schwarz und Schokolade. Augen rot. Krallen dunkel.

Dieses Normalhaar (Salm-Aguti) hat Stehohren und entspricht nicht dem Standard.

Rosetten-Meerschweinchen

Auch als Wirbelhaar oder Abessinisches Meerschweinchen bekannt, zeichnet es sich durch seine besondere Haarstruktur aus. Das Fell ist rauh und steht steif vom Körper ab. Mindestens acht Rosetten (ideal sind zehn) sind gleichmäßig auf dem ganzen Körper verteilt, wobei die Kämme zwischen den Rosetten bürstenartig hochstehen sollten. Dadurch sieht das Tier lustig und struppig aus und wird im Volksmund auch Strupphaar genannt. Anerkannte Farben und Farbkombinationen sind Rot, Schwarz, Weiß, Dreifarbig, Brindle, Schildpatt, Bunt (gleichmäßige Verteilung einer Farbe), Schwarzschimmel (Verteilung der Haare ungefähr 1:1 Weiß mit

Rosette, Schildpatt und Weiß.

Rosette, Lilac-Weiß-Rot. Er könnte der Vater des glatthaarigen Kleinen sein.

Züchten macht Freude, selbst wenn nicht jedes Tier gleich den Standardbestimmungen entspricht. Auch mit der »falschen« Farbe oder Haarstruktur bleibt ein Meerschweinchen liebenswert.

Texel, Schwarz-Rot. Diese Farbkombination ist im Standard nicht anerkannt.

Schwarz), Rotschimmel (Weiß-Rot) und Mixed Schimmel (Weiß-Schwarz-Rot).

Texel
Texel ist eine Kreuzung aus Sheltie und Rex. Am Kopf sind die Haare kurz und gekräuselt, am Körper lang und korkenzieherartig gewellt oder gelockt. Anerkannt sind die Farben Rot-Weiß und Rot.

Rex
Rex-Meerschweinchen haben, ähnlich wie Rex-Katzen, gewelltes oder gelocktes Haar, das kurz, fein und weich in der Textur ist. Anerkannt sind die Farben Rot-Weiß und Buff.

Das Rex-Meerschweinchen (Sepia-Weiß) hat gewelltes oder gelocktes Haar.

English und American Crested

Hierzulande kennt man sie als Schopf-Meerschweinchen, doch die englische Bezeichnung crested = gekrönt ist zutreffender.

Diese Tiere sind glatthaarig mit einer einzigen Rosette, die genau in der Mitte der Stirn im Viereck zwischen Augen und Ohren sitzen muß und nur ein Zentrum haben darf.

➤ English Crested: Es trägt die Rosette in der Farbe des Körpers, und anerkannt sind Aguti, alle einfarbigen Varianten sowie Weiß.

➤ American Crested: Bei ihm ist die Rosette weiß, und anerkannt sind nur Schwarz, Rot, Golden und Buff.

American Crested mit weißem Schopf.

English Crested Satin, Einfarbig Creme. Der Schopf ist gleichfarbig.

*F*ür die Zucht ist ein bestimmtes Wissen um genetische Vorgänge notwendig. Nur so läßt sich die Farbe des Nachwuchses in etwa vorhersagen.

Satin, Himalaya. Die schwarzen Flecken werden bei Kälte dunkler.

Satin

Sie gehören eigentlich auch noch zu den Glatthaar-Meerschweinchen, doch aufgrund ihrer besonders seidigen, glänzenden Haare hat man daraus eine eigene Rasse gemacht. Das Fell ist feiner und dichter als bei »normalen« Meerschweinchen. Der Satinglanz, der übrigens bei der Beurteilung der wichtigste Faktor ist, läßt die Farbe intensiver erscheinen. Zugelassen sind Rot, Golden, Buff, Creme und Weiß.
Ursprünglich nur als Glatthaar-Satin gezüchtet, gibt es inzwischen Rosetten, Crested, Peruaner, Shelties, Coronets, Teddies und bestimmt auch bald alle anderen Meerschweinchenrassen in Satin.

Satin, Einfarbig Rot. Ein besonders schönes Exemplar.

Langhaar-Meerschweinchen (Peruaner)

Es hat lange, dichte und glänzende Haare, die sich vor allem bei den Jungen zart und seidig anfühlen. Zwei symmetrische Rosetten auf der Hüfte wirken wie ein Scheitel. Durch einen Wirbel auf dem Kopf entsteht ein Pony. Anerkannte Farben sind Rot, Schwarz, Weiß, Dreifarbig, Schildpatt und Rot-Bunt beziehungsweise Schwarz-Bunt (Schwarz-Weiß).

Sheltie (Peruanisches Seidentier)

Die Haare sind wie beim Langhaar, jedoch ohne Wirbel, so daß sie sich nach hinten legen. Am Kopf kein

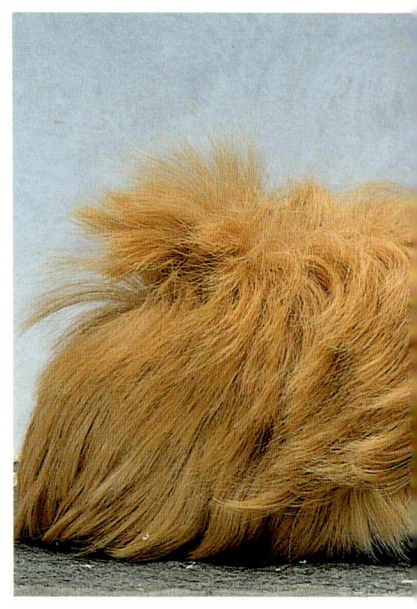

Holland Angora, Rot-Weiß. Bei ihm sind Anza

Langhaar, Weiß-Lilac, eine besonders ausgefallene Farbe.

Noch nicht anerkannt: das Coronet.

$\mathcal{L}$anghaar-Meerschweinchen werden auch als Angora bezeichnet. Man unterscheidet zwischen dem Deutschen Angora und dem Holland Angora.

Position der Wirbel genau vorgeschrieben.

Alpaka (sitzend) und Langhaar (stehend).

Pony, dafür ein Backenbart. Anerkannte Farben sind Schwarz, Rot, Weiß, Schildpatt, Dreifarbig und Schwarz-Bunt beziehungsweise Rot-Bunt.

Noch nicht anerkannte Züchtungen

Coronet: Langhaar-Variante von Crested, das heißt, ein Peruaner mit Schopf (Stirnwirbel).

Teddy: Eine aus Amerika stammende Züchtung, die aussieht wie Rex, genetisch aber nicht identisch ist.

Alpaka: Texel mit Wirbeln, herausgezüchtet aus Langhaar und Rex.

Merino: Texel mit Schopf, herausgezüchtet aus Coronet und Rex.

Sheltie oder Peruanisches Seidentier, Creme-Schwarz-Weiß.

41

Die richtige Haltung und Pflege

*G*utmütig und liebenswert
ist unser Meerschweinchen. Munter und
fidel hopst es in seinem Käfig herum
und quiekt erfreut, sobald das Futter naht.
Sorgen Sie für eine artgerechte Haltung,
gute Fütterung und liebevolle Pflege, dann
wird Ihr kleiner Liebling ein langes und
zufriedenes Dasein führen.

Kennzeichen Sturmfrisur. Beim Deutschen Angora sind die Wirbel
in beliebiger Anzahl überall auf dem Körper verteilt.

Ausstattung und Unterbringung

Meerschweinchen sind keine anspruchsvollen »Mieter«. Alles, was sie brauchen, sind ein geräumiger Käfig, genügend Einstreu und ein Schlafhäuschen, in das sie sich zurückziehen können.

Ein Käfig zum Sich-Wohl-Fühlen

Für ein Meerschweinchen braucht's nichts Besonderes, da genügt doch ein Pappkarton, höre ich oft sagen.

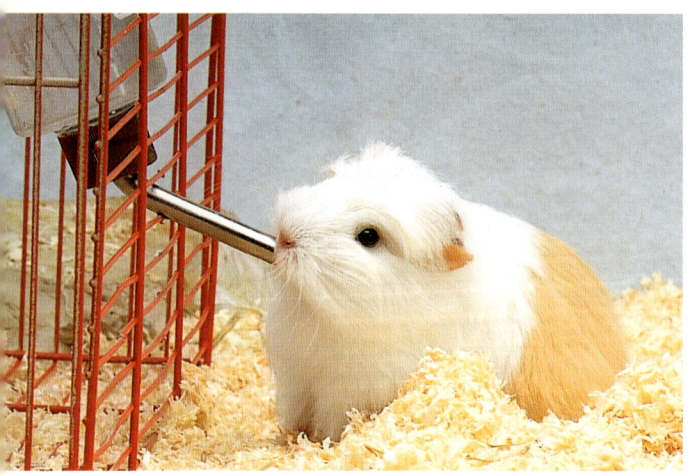
An die Nippeltränke gewöhnt sich das Meerschweinchen schnell.

Diese verächtliche Bemerkung zeugt zwar von viel Unwissenheit, aber ein Körnchen Wahrheit steckt drin. Tatsächlich haben Meerschweinchen keine besonderen Verhaltensweisen, die eine spezielle Unterbringung erforderlich machten. Sie sind keine Kletterer und Turner wie Hamster; sie können zwar Luftsprünge machen, aber bei weitem nicht so hoch wie Kaninchen; sie wollen auch nicht um jeden Preis aus ihrer Behausung »ausbrechen«. Große Ansprüche stellen unsere Meerschweinchen also nicht, was jedoch nicht heißt, daß man sie ganz vernachlässigen kann. Schließlich sollen sie gesund und munter bleiben und sich bei Ihnen wohl fühlen, und das können sie nur, wenn sie artgerecht gehalten werden. Gestehen Sie also Ihrem Tier möglichst viel Raum zu, auf dem es sich bewegen darf.

➤ Der Käfig sollte mindestens eine Fläche von 40 × 80 cm haben, wobei der tägliche Wohnungs-Auslauf dazugehört (→ Seite 55). Geeignet ist eine Bodenschale aus Kunststoff und ein abnehmbares Oberteil. Die Bodenschale sollte 10 bis 15 cm hoch sein, damit die Einstreu, in der das Meerschweinchen gern und heftig herumscharrt, nicht so leicht herausfliegt. Für zwei oder mehr Meerschweinchen muß der Käfig entsprechend größer sein, mindestens jedoch 80 × 80 × 45 oder noch besser 100 × 40 × 35 cm, es sei denn, die Tiere haben ständig Auslauf und ziehen sich in den Käfig nur zum Fressen und Schlafen zurück.

Gitter oder Kunststoffhaube?

Sie sollten daraus keine Weltanschauungsfrage machen, sondern sich ganz sachlich mit den Vor- und Nachteilen auseinandersetzen.

Für das Gitteroberteil spricht:
➤ Das Meerschweinchen scheint nicht so abgetrennt von seiner Umgebung zu sein.
➤ Ist das Gitterteil seitlich aufklappbar, kann das Meerschweinchen beim Auslauf selbst heraus- und hineinspazieren.
➤ Ist es oben aufklappbar, haben Sie es einfacher mit dem Reinigen oder der Futtergabe. Außerdem läßt sich das Tier von oben leichter aus dem Käfig heben.

Dagegen spricht:
➤ Bei zu niedrigen Bodenschalen kann die Einstreu hinausfliegen.
➤ Viele Meerschweinchen nagen an den Gitterstäben, was ihren Zähnen nicht gut tut (→ Seite 116).

Für die Kunststoffhaube spricht:
➤ Sowohl der Ausblick fürs Meerschweinchen als auch der Einblick für den menschlichen Freund ist gewährt.
➤ Die Einstreu kann nicht hinausgeschleudert werden.

Der Futternapf darf nicht kippen.

Dagegen spricht:
➤ Wenn der Käfig zu sehr der Sonne ausgesetzt ist oder zu nah an der Heizung steht, kann unter der Plastikhaube ein Hitzestau entstehen. Meerschweinchen kommen zwar aus heißen Ländern, vertragen aber dennoch nicht soviel Hitze.

Ungeeignetes Material

Pappkartons eignen sich nicht als Meerschweinchen-Behausung, womit wir auf die eingangs zitierte Bemerkung zurückkommen. Man kann die Tiere darin zwar transportieren, aber das sollte zeitlich begrenzt sein. Beließe man es dabei, wäre der Karton alsbald vom Urin durchweicht und zernagt. Auch von Holzkisten ist abzuraten, da sie schwer zu reinigen sind und sich ebenfalls voller Urin saugen.

Käfiginventar

Schlafhäuschen

Meerschweinchen mögen gern mit einem »Dach über dem Kopf« schlafen. Dafür geeignet ist ein der Größe des Tiers entsprechendes Holzkästchen, in das ein Schlupfloch geschnitten wird. Oder Sie kaufen die im Zoofachhandel in verschiedenen Größen angebotenen Häuschen aus Holz oder Kunststoff (→ Zeichnung 4). Holz ist dem Kunststoff vorzuziehen, da das Meerschweinchen daran auch seine Zähne abwetzen kann.

Tips für Bastler
Sie können ein Häuschen auch leicht selbst anfertigen, wenn Sie folgende Regeln beachten:
➤ Unbehandeltes Holz wie Fichte, Kiefer oder Lärche läßt sich gut verarbeiten. Span- oder Rauhfaserplatten enthalten das giftige Formaldehyd.

➤ Brettchen nicht mit Heftklammern zusammenzwicken, da sich das Tier beim Knabbern daran verletzen kann. Lieber größere U-Haken aus Stahl verwenden, die lassen sich nicht so schnell herausnagen.
➤ Zum Leimen den Bastelleim Ponal verwenden, er soll der ungiftigste sein. Nach dem Kleben ein paar Tage auslüften lassen. Geleimte Häuschen in den Ecken mit Leisten stabilisieren.

Futterraufen

Eine Futterraufe für das Heu ist auf jeden Fall nötig (→ Zeichnung 2). Natürlich kann man Heu auch einfach auf den Boden legen. Sind jedoch mehrere Tiere im Käfig, wird es schnell niedergetrampelt und von Kot und Urin verschmutzt. Noch besser sind zwei, denn für Grünfutter gilt das gleiche. Meist

1 Ein rauher Lavastein zum Abwetzen der Krallen.

2 Die Heuraufe darf nicht fehlen. So bleibt das Heu sauber.

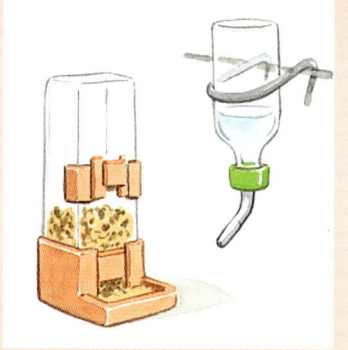

<u>3</u> *Futterautomat und Trinkflasche zur Selbstbedienung.*

werden Futterraufen beim Kauf des Käfigs mitgeliefert, sie können aber auch einzeln im Zoofachhandel gekauft werden. Als sehr praktisch hat sich ein Klappdeckel aus Holz erwiesen, mit dem die Raufen oben verschlossen werden. Das Meerschweinchen kann nicht in die Raufe hineinklettern und sie womöglich hinunterreißen. Dafür kann es sich auf die Klappe setzen, was es liebend gern tut.

Trinkautomat

Für Trinkwasser wählen Sie am besten eine Nippeltränke, die am Käfiggitter eingehängt werden kann (→ Zeichnung 3). Die Flasche aus Glas oder Kunststoff sollte mit einem Kugelventil ausgestattet sein, damit das Wasser nicht in den Käfig tropft. Das Meerschweinchen wird sehr schnell lernen, sich daran tröpfchenweise zu bedienen.
Trinkwasser jeden Tag frisch einfüllen, da es durch Kot und Einstreu schnell verschmutzt.

Krallenabwetzstein

Damit sich die Krallen auf natürliche Weise abwetzen, sollten Meerschweinchen über harten und rauhen Untergrund laufen (→ Seite 59). Ein Lavastein, auf dem sie gerne herumklettern, eignet sich sehr gut dafür (→ Zeichnung 1).

Futternapf

Ob rund oder rechteckig, mit einer oder mehreren Mulden, Hauptsache, er ist standfest und fällt nicht um, wenn das Tier beim Fressen seine Pfoten daraufstellt. Näpfe aus glasiertem Ton oder Porzellan sind gut geeignet, Schalen aus Kunststoff, etwa Blumentopfuntersetzer, kippen leicht. Wählen Sie den Napf auch nicht zu groß, da sich manche Tiere dann gleich hineinsetzen. Ein Futterautomat sollte nur mit der Tagesration gefüllt sein, sonst frißt das Meerschweinchen dauernd.

<u>4</u> *Das Schlafhäuschen dient dem Meerschweinchen als Rückzug. Am Holz kann das Tier seine Zähne abwetzen.*

Nach was riecht es denn da? Meerschweinchen erkennen ihren Menschenpartner am Geruch.

Eine Kunststoffwanne als Meerschweinchenwohnung

Wer die Anschaffung eines großen und deswegen nicht billigen Käfigs erst einmal hinausschieben will, kann auf einen Wäschekorb oder die ausrangierte Kinderbadewanne zurückgreifen. Sie müßten natürlich die Maße des Käfigs haben. Allerdings sollten diese preiswerteren Alternativen nicht zum Dauerzustand werden.

Vorteile

➤ Die Anschaffung ist kostengünstiger.

➤ Durch den hohen Rand fühlt sich das Meerschweinchen geborgener.

➤ Die Streu kann kaum mehr hinausfliegen.

➤ Wanne oder Wäschekorb sind gut zu reinigen und auszuwaschen.

Nachteile

➤ Futterraufe und Trinkautomat sind schwierig zu befestigen.

➤ Das Meerschweinchen kann über den Rand nicht hinaussehen und ist von seiner Umgebung zu sehr isoliert.

➤ Es ist zum Beispiel vor Katzen, die ihm gefährlich werden könnten, nicht geschützt.

☞ Hinweis: Da das Meerschweinchen auf jeden Fall ein Schlafhäuschen braucht, läßt sich das eine sehr gut mit dem anderen kombinieren. Heuraufe und Trinkautomat können daran befestigt werden, und das Tier kann auf das Häuschen springen und über den Rand der Wanne äugen.

Ein selbstgebasteltes Meerschweinchenheim

Meerschweinchenfreunde mit handwerklichem Geschick sind fein raus. Sie können selbst tätig werden und dabei ihrer Phantasie freien Lauf lassen. Bei einer Züchterin sah ich zum Beispiel eine Schrankwand aus beschichteten Hartfaserplatten, die zu Meerschweinchen-Boxen umfunktioniert war. Die Türen ließen sich nach oben aufklappen und waren zur Hälfte verglast, so daß die Luft gut zirkulieren konnte.

So ein selbstgebautes Domizil läßt sich mit allem ausstatten, was den Lebensraum des Meerschweinchens in der freien Natur ausmacht. Versteckplätze, kleine Mulden, einen erhöhten Platz zum Ausschauhalten, Steine, um auf natürlichem Weg die Krallen abzuwetzen, Äste, um daran zu nagen. Mit einer zweite Etage bieten Sie Ihrem Meerschweinchen zweierlei: Ein Versteck darunter und einen erhöhten Aussichtsplatz darauf.

Und so planen Sie das neue Meerschweinchenheim:

➤ Größe: Mindestens so groß wie ein käuflicher Zimmerkäfig, das heißt 80×40×40 cm. Gegen eine größere Grundfläche ist selbstverständlich nichts einzuwenden.

➤ Material: 20 mm dicke, wasserfeste, unbehandelte Naturholzbretter. Keine Spanplatten verwenden, da sie Formaldehyd enthalten.

➤ Bodeneinsatz: Eine Wanne aus Kunststoff (im Zoofachhandel als Katzenklo erhältlich) oder Zink-

Mit etwas Fantasie und Geschick können Sie ein schönes und zweckmäßiges Meerschweinchen-Heim selbst bauen. Abwechslungsreich eingerichtet ist es für Meerschweinchen ein Paradies.

blech, da unbehandeltes Holz sich zu sehr mit Urin vollsaugt.

➤ Etage: Sie sollte in etwa 15 cm Höhe eingezogen werden und kann bis zu einem Drittel der Grundfläche einnehmen.

➤ Rand: An drei Seiten 40 cm hoch; die vierte, der Etage gegenüberliegende Seite 10 bis 15 cm, darüber Maschendraht. Diese Seite muß außerdem zu öffnen sein, etwa nach oben oder zur Seite aufklappbar. So läßt sich der Bodeneinsatz zum Säubern herausziehen, außerdem kann das Meerschweinchen beim Auslauf allein heraus- und hineinspazieren.

➤ Dach: Bei 40 cm Käfighöhe allenfalls über der Etage nötig.

➤ Ausstattung: Ein flacher Stein, der so vor die Etage gelegt wird, daß das Meerschweinchen beim Hochspringen darüberlaufen muß. Äste zum Beknabbern und Benagen. Ein Blumentopf, auf die Seite gelegt, um sich darin zu verstecken oder daraufzuklettern. Eine Eternitröhre (im Baumarkt erhältlich) zum Hineinschlüpfen.

☞ Hinweis: Bizarr geformte Steine mit Löchern, wie sie etwa für Aquarien angeboten werden, bringen Abwechslung ins Meerschweinchenheim.

Ein Zuhause für viele Meerschweinchen

Wer viele Tiere unterzubringen hat, weil er sich von keinem trennen mag oder weil er züchten will, findet sicherlich eine für seine Verhältnisse passende Lösung. Viele Tiere bedeuten jedoch viele Käfige, und da kann sich das Reinigen zu einer regelrechten Plackerei auswachsen.

Folgende Idee für Boxen fand ich in der Zeitschrift des Vereins Meerschweinchenfreunde Deutschland e. V. abgedruckt und gebe sie hiermit als guten Tip weiter (→ Adressen, Seite 127).

➤ Eine 2,50 m lange Schlafzimmerschrankwand aus weiß beschichteten Spanplatten auf dem Sperrmüll oder über die einschlägigen Kleinanzeigen vieler Zeitungen besorgen. Das ist meist sehr billig. Sie teilt sich in 3 Abschnitte von $100 + 50 + 100$ cm ein.

➤ Vor dem Zusammenbau von der Normalhöhe 2,20 m auf 1,85 m kürzen, sonst kommt man nicht mehr an die oberen Boxen ran.

➤ Türen weglassen, Scharniere entfernen.

➤ Einlegeböden mit Winkelleisten an den Trennwänden fest verschrauben. Fehlende Böden – man braucht 8 in den Maßen 100×50 cm und 4 in 50×50 cm – im Baumarkt zurechtschneiden lassen, auf Kanten Umleimer bügeln, Rückwand zur Stabilisierung mit den hinteren Kanten der Einlegeböden verschrauben.

➤ Ritzen zwischen Wänden und Einlegeböden mit selbstklebendem Knickwinkel abdichten.

➤ Damit die Streu nicht herausfliegt, vor den offenen Seiten 10 cm hohe Leisten so anbringen, daß sie zum Boxenreinigen abnehmbar sind.

➤ Für die Türen Rahmen mit Maschendraht bespannen und mit

Drahtösen an Hakenschrauben aufhängen. Achtung: Für die 100 cm breiten Boxen zweiteilige Türen vorsehen.

➤ Maße der 12 fertigen Boxen: 100×50×35 cm und 50×50×35 cm
Vorteile: Durch die Beschichtung ist die Sauberhaltung kein Problem mehr. Man kann bequem in die Boxen hineinsehen, und umgekehrt haben die Tiere einen guten Überblick.

Die richtige Einstreu

»Meerschweinchen stinken«, bekommt man als Tierfreund oft zu hören. Wer die richtige Einstreu wählt, kann dieses Problem so gut wie völlig ausschalten. Allerdings nützt selbst die beste Einstreu nichts, wenn Sie nicht das Ihrige für die Sauberkeit im Meerschweinchenheim dazutun (→ Ein sauberes Meerschweinchenheim, Seite 62). Sägespäne sind preiswert und leicht zu beschaffen. Um den Geruch zu binden, gibt man darunter eine Schicht Katzenstreu. Manche Meerschweinchenhalter raten davon ab, da vor allem junge Tiere an der Katzenstreu knabbern könnten und ihnen das auf die Dauer nicht bekommt. Derselbe Einwand erhebt sich, wenn Sie statt Katzenstreu eine

Auch in einem Terrarium läßt sich ein abwechslungsreiches Meerschweinchenheim einrichten.

dicke Lage Zeitungspapier darunter-
geben. Solange die Tiere nur daran
nagen, aber nichts davon fressen, ist
das nicht schädlich. Schlucken sie
jedoch zuviel von den Papierfetzen,
müssen Sie sie entfernen, da ihnen
die Druckerschwärze schadet.

☞ Hinweis: Sorgen Sie dafür, daß
das Meerschweinchen genügend
Heu, Stroh oder Zweige zum Nagen
hat, dann braucht es sich nicht an
die Zeitung zu halten.

Stroh mögen Meerschweinchen sehr
gern, weil sie darin herumrascheln
und Verstecken spielen, vor allem
aber daran herumknabbern können.
Stroh gibt es im Zoofachhandel zu
kaufen, Sie können es sich aber auch
beim Bauern besorgen.
Nehmen Sie am besten Haferstroh,
das ist nicht mit den für Meerschweinchen schädlichen Halmver-

Ein Salzleckstein wird gern angenommen.

kürzern (chemische Mittel) behandelt worden. Allerdings ist es nicht
so saugfähig wie Weizenstroh und
muß öfter gewechselt werden.

Biologische Kleintierstreu aus dem
Zoofachhandel ist besonders saugfähig und frei von Schadstoffen,
dafür etwas teurer.

☞ Hinweis: Bei Langhaarrassen
sollte man Sägespäne nur als Unter-
grundstreu nehmen und darüber
eine dicke Schicht Stroh legen. Die
Sägespäne bleiben in den langen
Haaren hängen und verursachen
häßliche Filzknoten (→ Seite 58).

Kamm und Bürste für die Fellpflege

Meerschweinchen sind sehr pflege-
leicht. Normalhaar und Rosetten
müssen nicht unbedingt gekämmt
und gebürstet werden, mögen es

Die Mohrrübe lockt – auf geht's zum Balanceakt über das »Seil«.

aber sehr gern, wenn ihnen ab und zu mit einer nicht zu harten Bürste übers Fell gestrichen wird, vor allem am Hinterteil. Zudem fördert das Bürsten den Kontakt zum Tier und dient als Gesundheitskontrolle bei Verkrustungen und Hauterkrankungen (→ Seite 79). Bei den langhaarigen Rassen ist wöchentliche, wenn nicht tägliche Fellpflege ein Muß, da die Haare sonst schnell verfilzen. Verfilzte Haare lassen sich meist nicht mehr mit Kamm und Bürste entwirren, sondern müssen abgeschnitten werden.

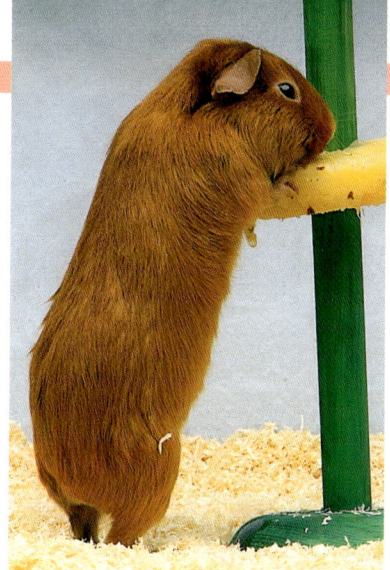

Eine originelle Futteraufhängung.

Zum Kämmen und Bürsten geeignet sind
➤ ein weitzinkiger Kamm zum Entwirren des Fells,
➤ eine Drahthaarbürste mit Kunststoffkappen zum Durchbürsten,
➤ eine weiche Bürste (Puppen- oder Babybürste) für den Glanz.

Der richtige Platz für den Käfig

Ein Meerschweinchen, zumal wenn es allein gehalten wird, braucht »Familienanschluß«. Es ist ja ein sehr geselliges Tier, und ein allzu isolierter Standort würde seinem Kontaktbedürfnis zuwiderlaufen. Das heißt nun nicht, daß es in seiner Umge-

Ein Blumentopf und ein paar Ziegel sorgen für Abwechslung im Käfig.

bung »wie auf dem Bahnhof« zuge-
hen soll. Allzuviel Krach und laute
Musik mögen Meerschweinchen
nicht, denn sie sind sehr schreckhaft.
Außerdem haben sie ein viel besseres
Gehör als Menschen und reagieren
empfindlich auf Schwingungen, die
wir gar nicht mehr wahrnehmen
können.

<u>Der beste Standort</u> ist ein heller,
nicht zu warmer und vor allem zug-
freier Raum. Zugluft ist schädlich,
ja sogar eine der Ursachen für die leider oft vorkommenden Erkältungs-
krankheiten. Da es am Boden meist
zieht, sollte der Käfig erhöht stehen,
zum Beispiel auf einem stabilen
Tisch oder einer Kommode. Von

Gefahren für das Meerschweinchen

Gefahr	Gefahrenquelle	Vermeiden der Gefahr
Abstürzen	**Balkon**	Mit Drahtgitter oder Brettern sichern.
	Tisch	Nie ohne Aufsicht frei laufen lassen.
Ein-klemmen	**Türen**	Nicht unbedacht öffnen oder schließen.
Hitzschlag	**Sonne, Heizung**	Käfig nie in der prallen Sonne oder neben der Heizung stehen lassen.
Strom-schlag	**Elektrokabel**	Leitungen unter Putz verlegen, Kabel nicht herumliegen lassen, bei Auslauf Stecker ziehen.
Verbrennen	**Heiße Gegen-stände**	Nicht in der Nähe von Herd, Toaster oder brennenden Kerzen laufen lassen. Auch Zigaretten oder Kippen bergen eine Gefahr.
Vergiften	**Giftige Zimmer-pflanzen**	Auf giftige Pflanzen in der Umgebung des Meerschweinchens verzichten.
	Gebeiztes und lackiertes Holz	Ungiftiges Material verwenden.
Verletzen	**Tritt durch Menschenfuß**	Vorsicht beim Auslauf.

Beim Auslauf in der Wohnung lauern viele Gefahren.

dort hat das Tier auch einen guten Überblick.

☞ Hinweis: Meerschweinchen vertragen nicht soviel Hitze, deswegen den Käfig nicht in die pralle Sonne oder zu nahe an den Heizkörper stellen. Dunkle und feuchte Kellerräume sind für die Tiere eine Quälerei.

Auslauf in der Wohnung

Meerschweinchen müssen ihre körperlichen und sinnlichen Fähigkeiten trainieren können. Sonst werden sie zu den langweiligen Tieren, die nur lahm in ihrem Käfig herumsitzen, wie so viele Leute denken. Wer schon einmal gesehen hat, was für wilde Verfolgungsjagden sie sich liefern, weiß, wie groß ihr Bewegungsdrang ist. Bieten Sie ihnen also die Möglichkeit dazu.

Worauf beim Auslauf zu achten ist:
➤ Wertvolle Teppiche und Möbel sollten sich nicht im Zimmer befinden, denn sie könnten angenagt und verschmutzt werden.
➤ Elektrische Leitungen dürfen nicht erreichbar sein. Meerschweinchen knabbern gern daran, und das kann tödlich enden. Auch Telefonkabel werden nicht verschont.
➤ Eine flache Schale mit Streu als Meerschweinchenklo mit ins Zimmer stellen (→ Seite 108).
➤ Keine Zeitungen und Bücher herumliegen lassen. Meerschweinchen sind rechte Racker und machen sich mit Vorliebe über Papier her. Auch lose Tapetenenden sind vor ihnen nicht sicher.
➤ Für eine abwechslungsreiche Umgebung sorgen, mit Winkeln und Nischen, erhöhten Plätzchen (umgedrehter Blumentopf) oder kleinen Hindernissen zum Darüberspringen (→ Pfiffige Spielideen, Seite 112).

Sommerfrische auf dem Balkon

Wenn Sie glücklicher Balkonbesitzer sind und genügend Platz ist, können Sie auch Ihr Meerschweinchen daran teilhaben lassen. Richten Sie ihm dort sein Zuhause so ein, daß es sich vom Frühjahr bis zum Spätherbst wohl fühlt. Allerdings muß es bei einer Außentemperatur unter 10 °C in die Wohnung genommen werden Beachten Sie dabei folgende Punkte:
Sicherheit: Durch Balkongitter oder unter nicht bis zum Boden reichenden Brüstungen kann sich das Meerschweinchen hindurchzwängen und abstürzen. Sichern Sie das Balkongitter mit einem Maschendraht, der fest am Boden aufliegen und etwa 40 cm hoch sein muß. Eine Brüstung, die nur unten offen ist, verschalen Sie am besten mit Holzbrettern.

☞ Hinweis: Bringen Sie auch beim Balkongitter ein Brett an, das verhindert Zugluft und kann zudem benagt werden.

Schutz: Der Balkon sollte gegen Wind, Regen und starke Sonneneinstrahlung geschützt sein. Den kalten Betonboden mit alten Teppichfliesen

Zu einem glücklichen Meerschweinchen gehört neben einem geräumigen Käfig auch der regelmäßige Auslauf. Aber aufgepaßt! In der Wohnung lauern Gefahren.

oder einer Naturgrasmatte auslegen, damit das Meerschweinchen sich nicht erkältet.

Katzen: Ein Balkon im Erdgeschoß ist eventuell für fremde Katzen zugänglich. Und das hat schon zu Tragödien geführt. Sichern Sie den Balkon mit einem feinen Netz. Da es Vermieter gibt, die dagegen Einwände erheben, sollten Sie das vorher klären.

Temperaturwechsel: Beim Wechsel von drinnen nach draußen oder umgekehrt müssen Sie das Meerschweinchen an die jeweilige Temperatur gewöhnen, sonst erkältet es sich. Zuerst in den warmen Mittagsstunden hinaussetzen und nachts wieder hereinholen, beziehungsweise im Herbst nicht sofort in einen geheizten Raum bringen. Bei 18 bis 20 °C fühlt sich das Tier am wohlsten.

Fütterung: Das Meerschweinchen muß auch auf dem Balkon zweimal täglich frisches Futter und Wasser bekommen.

Übernachten: Dazu braucht das Tier sein Schlafhäuschen (→ Seite 46). Nicht vergessen: Die Schale mit Streu als Toilette.

Freigehege

Als Gartenbesitzer können Sie Ihrem Tier draußen regelmäßigen Auslauf bieten oder ihm sogar ein ständiges Zuhause einrichten. Das bietet sich vor allem dann an, wenn Sie mehrere Tiere halten. Allerdings ist dann die Bindung zum Menschen nicht mehr so eng, da das Leben im Rudel die Tiere vollauf befriedigt.

Gehege: Im Zoofachhandel sind fertige Gehege erhältlich. Sie können sich aber auch selbst eines basteln. Bauen Sie aus Latten vier stabile Rahmen, die mit Maschendraht bespannt und mit Scharnieren miteinander verbunden werden. Dabei sollte das Gehege nicht kleiner als 1 qm sein. Ein ebenfalls mit Maschendraht bespannter Deckel ist notwendig, damit den wehrlosen Meerschweinchen nicht von oben her durch Katzen, Hunde, Marder oder Raubvögel Gefahr droht.

Sicherheit: Das Gehege braucht nicht unbedingt in der Erde verankert zu sein, da Meerschweinchen kaum graben. Doch sollte es sicher und fest stehen und zwar so, daß die Tiere nicht hinaus- und Ratten oder Wiesel nicht hineinschlüpfen können. Außerdem läßt sich ein mobiler Laufstall leichter von einem frischen Grasstück zum anderen versetzen.

Schutz: Nicht nur als Schutz vor Regen, Sonne und Wind, sondern auch als Fluchtburg vor Feinden, oder wenn sie sich erschrecken, brauchen Meerschweinchen in ihrem Gehege einen Unterschlupf. Er sollte mindestens so groß sein wie der Wohnungskäfig, also etwa 80 × 40 × 40 cm. Mehrere Meerschweinchen brauchen natürlich ein entsprechend größeres Haus. Es wird aus 20 mm dicken, wasserfesten, unbehandelten Naturholzbrettern gebaut, mit festem Boden, einem Fenster und einem abnehmbaren oder aufklappbaren Dach, sonst kann das alte Stroh nicht entfernt werden. In die Vorderfront einen 10 bis 15 cm großen Einschlupf schneiden und mit einem Schieber oder einer Klappe verschließbar machen oder mit einem Jutesack verhängen. Das Dach mit Teerpappe decken, nach der Wetterseite schräg abfallen und so weit überstehen lassen, daß Futter- und Trinknapf darunter geschützt stehen. Im Haus eine oder zwei Raufen für Heu anbringen.

Überwintern im Freien?

Da Meerschweinchen in den Anden in 4000 m Höhe leben und es dort sehr kalt wird, kann man sie auch hierzulande bedenkenlos im Freien überwintern. Voraussetzung dafür ist, daß Sie die Tiere schon den ganzen Sommer über draußen halten und nicht erst im Oktober ins Freie setzen. Treffen Sie außerdem noch folgende Vorkehrungen:

➤ Den Stall geschützt gegen Zugluft aufstellen, mit Styropor isolieren und viel Stroh und Heu hineingeben.

➤ Bei großer Kälte Stall nachts rundum mit Decken zuhängen. Gitter oder Scheibe eventuell mit Styropor bedecken.

➤ Schlafhäuschen dick mit Heu oder Stroh auspolstern.

☞ Hinweis: Neugeborene sollte man besser ins Haus nehmen.

Ein Freigehege mit Schutzhäuschen und Maschendrahtabdeckung für einen gefahrlosen Aufenthalt.

Das gepflegte Meerschweinchen

Gesunde Meerschweinchen, die sich wohl fühlen, betreiben ausgiebige Körperpflege und halten auch ihr Fell peinlich sauber. Voraussetzung ist, daß Stall oder Käfig regelmäßig gesäubert werden.

Die Fellpflege

Manch einer glaubt, daß es mit Streicheln, Füttern und Käfigsäubern schon des Guten genug ist und er sich die Fellpflege sparen kann. Ein gesundes Meerschweinchen pflegt und putzt sich zwar regelmäßig und gründlich selbst, aber ein bißchen zusätzliche Pflege braucht es trotzdem. Liebevoll und sanft gekämmt und gebürstet zu werden, mag es nämlich sehr gern. Denn es bedeutet ja auch ein Stück Zuwendung, sich so mit seinem Tier zu beschäftigen. Zudem dient es der Sauberkeit und ist eine gute Hautmassage. Gleichzeitig haben Sie gerade bei der Fellpflege Gelegenheit, Ungeziefer und Hautkrankheiten rechtzeitig zu erkennen. Für die verschiedenen Meerschweinchenrassen gilt dabei folgendes: Normalhaar- und Rosetten-Meerschweinchen brauchen nur während des Haarwechsels, meist im Frühjahr und Herbst, die tägliche Fellpflege, weil damit die alten Haare aus dem Fell herausgelöst werden. Langhaar-Meerschweinchen müssen täglich gekämmt und gebürstet werden, da ihre Haare bis zu 20 cm und länger sein können. Das Fell würde sonst verfilzen und Urin und Kot darin haften bleiben. Gewöhnen Sie Ihr Meerschweinchen schon als Jungtier an die Fellpflege, auch wenn sein Haarkleid noch nicht voll entwickelt ist.

☞ Hinweis: Wer seinem Meerschweinchen die Haare sehr lang wachsen lassen möchte, muß sie auf Papierwickler aufrollen.

Baden – ja oder nein?

Meerschweinchen können zwar schwimmen, würden aber nie freiwillig ins Wasser gehen. Im allgemeinen ist es auch nicht notwendig, sie zu baden. Nur wenn sie sehr stark verschmutzt sind, zum Beispiel bei Durchfall, oder aus medizinischen Gründen, etwa bei Milbenbefall, kann man sie in lauwarmem Wasser (25–27 °C) säubern. Gegen Ungezieferbefall ein Spezialshampoo benutzen, das der Tierarzt verschreibt, ansonsten genügt ein sehr mildes Baby-Shampoo (→ Seite 60).

Zu lange Krallen

In der freien Wildbahn, wo Meerschweinchen auf hartem, felsigem
Untergrund laufen, tritt das Problem
kaum auf. Im Käfig hingegen wachsen die Krallen oft schneller als sie
sich abnützen. Sie rollen sich nach
unten oder seitlich ein oder wellen
sich nach allen Richtungen. Mit solchen Krallen können die Tiere nicht
mehr richtig laufen und bekommen
Entzündungen an den Ballen, je länger dieser Zustand dauert. Sogar die
Zehengelenke können verkrüppeln,
wenn Sie nicht rechtzeitig Abhilfe
schaffen. Das ist auch nicht weiter
schwer. Sie brauchen nur regelmäßig
Zehen und Krallen zu kontrollieren
und letztere, wenn nötig, kürzen
(→ Seite 61)

☞ Hinweis: Legen Sie zum Beispiel
vor das Schlafhäuschen einen Stein
mit einer rauhen, unregelmäßigen
Oberfläche. Das Meerschweinchen
muß beim Rein und Raus jedesmal
darüberlaufen und nützt sich so seine
Krallen auf ganz natürliche Weise ab.

Nachwachsende Zähne

Die Zähne des Meerschweinchens haben die Eigenschaft, ständig weiterzu-
wachsen, würden sie sich nicht auf
natürliche Weise abnützen. In der
freien Wildbahn ist dafür gesorgt, im
Käfig haben Sie darauf zu achten.
Reichen Sie genügend hartes Futter,
zum Beispiel altes Brot, Knabberbröt-
chen, Nagestangen (beides im Zoofachhandel erhältlich) oder Zweige.

Gebißfehlstellung

Leider kommt bei Meerschweinchen
häufig eine angeborene Gebißfehl-
stellung vor. Die Schneidezähne stehen so, daß sie sich beim Nagen
nicht aneinanderreiben. Dadurch
nützen sie sich nicht ab und wachsen
unaufhaltsam. Regelmäßiges Kürzen,
das der Tierarzt vornehmen sollte, ist

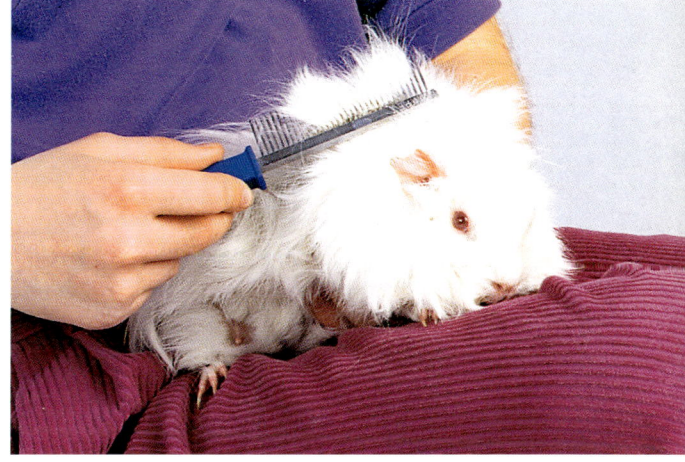

Langhaarige Meerschweinchen vorsichtig kämmen, sonst zieht es.

dann alle zwei bis drei Monate notwendig.
Auch die Backenzähne können sich
zu einer regelrechten Gefahr auswachsen. Beißen sie nicht richtig
aufeinander, wachsen sie manchmal
über der Zunge zu einer Art Brücke
zusammen. Das Tier ist nicht mehr
in der Lage, seine Zunge zu bewegen, und somit unfähig zur Nah-
rungsaufnahme. Wenn Sie dann
nicht sofort zum Tierarzt gehen,
muß es verhungern.

Wichtige Pflege-Handgriffe

Fellpflege für Kurzhaar

Normalhaar- und Rosetten-Meerschweinchen brauchen nur während des Fellwechsels, meist im Frühjahr und Herbst, tägliches Durchbürsten mit einer nicht zu harten Bürste (→ Zeichnung 1). Damit werden die alten Haare aus dem Fell herausgelöst. Bürsten Sie Ihr Tier liebevoll und sanft, dann läßt es sich die Prozedur gerne gefallen, auch unabhängig vom Fellwechsel.

1 Kämmen und Bürsten: für Langhaar-Meerschweinchen ein tägliches Muß.

Fellpflege für Langhaar

Langhaar-Meerschweinchen müssen täglich gekämmt und gebürstet werden. Deswegen sollten Sie Ihr Tier schon beizeiten daran gewöhnen. Und so wird's gemacht:

➤ Setzen Sie das Tier nicht direkt auf die kalte Tischplatte, sondern immer auf ein wärmendes Tuch.
➤ Geben Sie ihm einen Leckerbissen zur Belohnung, streicheln Sie es und reden Sie ihm gut zu.
➤ Nehmen Sie den weitzinkigen Kamm, um das Fell zu entwirren. Wenn Sie es vorher mit Nerzölspray einsprühen, ersparen Sie dem Tier unnötiges Ziepen.
➤ Bürsten Sie mit der weichen Bürste solange, bis die Haare glänzen.
➤ Verklebungen oder Verfilzungen, besonders am Hinterteil, werden herausgeschnitten oder mit Entfilzungsshampoo für Katzen (im Zoofachhandel erhältlich) gewaschen. Danach trocken fönen.

Waschen und Kämmen

Wenn die langen Haare total mit Sägespänen verfilzt sind, kommen Sie ums Baden nicht herum (→ Zeichnung 2). Am besten, Sie stellen ins Spülbecken eine Schüssel, in der das Tier gerade Platz hat. Nehmen Sie ein mildes Babyshampoo. Die Schüssel mit lauwarmem Wasser füllen, das Meerschweinchen mit der einen Hand halten (wie beim Krallenschneiden), mit der anderen Hand waschen. Kopf nie untertauchen. Das Shampoo sorgfältig ausspülen, damit nichts von dem Mittel zurückbleibt und vielleicht später zu jucken anfängt. Danach das Tier mit einem vorgewärmten Tuch gründlich abtrocknen; es darf sich auf keinen Fall erkälten.

Anschließend das Meerschweinchen auf den Schoß nehmen und mit dem weitzinkigen Kamm die Haare kämmen. Ihm dabei gut zureden und nie Gewalt anwenden. Mit dem Fön trocknen oder unter eine Rotlichtlampe setzen.

☞ Hinweis: Unbedingt vor Zugluft schützen. Meerschweinchen können blitzschnell eine Erkältung oder sogar eine Lungenentzündung bekommen.

Haarknoten entfernen

Einen Haarknoten zuerst mit den Fingern in kleine Partien teilen und dann mit einem Stielkamm aufzulösen versuchen. Gelingt das nicht, den Knoten mit Hilfe des Trennmessers aufschneiden. Die Spitze des Trennmessers mit dem Finger führen, damit die Haut des Tiers nicht verletzt wird.

☞ Hinweis: Geben Sie eine dicke Schicht Stroh oder Heu in die Einstreu, das verhindert zusätzliches Verfilzen der Haare mit den Sägespänen.

Krallen schneiden

Bei älteren Meerschweinchen nutzen sich die Krallen oft nicht mehr auf natürliche Weise ab (→ Seite 59). Sie müssen dann regelmäßig gekürzt werden. Lassen Sie sich die notwendigen Handgriffe am besten erst einmal vom Fachmann zeigen (Tierarzt, Züchter), denn Krallenschneiden ist nicht ganz einfach (→ Zeichnung 3). Man muß unbedingt auf folgendes achten:
➤ Beim Schneiden die Pfote des Meerschweinchens sanft festhalten und die Haare etwas beiseiteschieben.

☞ Hinweis: Die Vorderpfoten haben je vier Zehen und Krallen, die Hinterpfoten je drei.

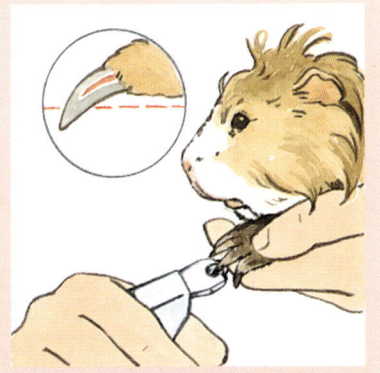

<u>2</u> Das Meerschweinchen nur baden, wenn es unbedingt sein muß.

<u>3</u> Den Schnitt so führen, daß er schräg nach unten verläuft.

➤ Damit das Horn nicht splittert, können Sie eine Spezialzange benutzen (im Zoofachhandel erhältlich). Aber bei richtiger Schnittführung genügt auch eine normale Nagelzange.

➤ Innerhalb der Krallen verlaufen zusammen mit den Nervenenden Blutgefäße, das sogenannte Leben. Wenn sie verletzt werden, bereitet das dem Meerschweinchen Schmerzen und führt zu Blutungen. Schneiden Sie kurz vor dem »Leben« und schräg nach unten. So ist der Schnitt dem Krallenprofil angepaßt.

➤ Kürzen Sie vorsichtshalber nicht zu stark. Wenn es doch blutet, einen Wattebausch mit Desinfektionsmittel auf die Stelle pressen.

☞ Hinweis: Bei dunklen Krallen ist das »Leben« nur sehr schlecht oder gar nicht zu erkennen. Arbeiten Sie am besten zu zweit: Der eine hält das Meerschweinchen und leuchtet von unten mit einem Punktstrahler (Kugelschreiber-Taschenlampe) gegen die Krallen. Der andere schneidet.

*O*bwohl ein Meerschweinchen selbst sorgfältige Körperpflege betreibt, mag es auch gern gekämmt und gebürstet werden, vor allem beim Fellwechsel.

Augen reinigen

Leichte Verkrustungen in den Augenwinkeln entfernen Sie mit einem angefeuchteten, weichen Papiertaschentuch. Dabei immer von außen nach innen wischen. Plötzlicher, reichlicher Tränenfluß deutet auf Entzündung oder Verletzung hin. Dann sollten Sie den Gang zum Tierarzt nicht allzu lange hinausschieben.

Ohren säubern

Auch die Ohren sollten regelmäßig kontrolliert werden. Befreien Sie, wenn nötig, die Ohrmuschel vorsichtig mit einem Papiertaschentuch vom Staub. Achtung: Auf keinen Fall mit Wattestäbchen reinigen. Unsaubere, übelriechende Ohren können von Ohrmilben befallen sein (→ Seite 31). Gehen Sie in diesem Fall umgehend zum Tierarzt.

Ein sauberes Meerschweinchenheim

Wer ein Meerschweinchen hält, muß auch dafür sorgen, daß es sauber und ordentlich wohnt. In einem Käfig, in dem vergammeltes Stroh, Urin, Kot und vor sich hin faulende Essensreste ein unappetitliches Einerlei bilden, fühlen sich nur Bakterien und Parasiten sauwohl. Das Vorurteil, Meerschweinchen stinken, fände hiermit zwar seine Bestätigung, aber ankreiden darf man es den armen Tieren nicht, denn die Schuld liegt eindeutig beim Menschen. Die regelmäßige und sorgfältige Reinigung von Käfig und Zubehör darf also nicht vernachlässigt werden.

Täglich müssen Trinkautomat und Futtergefäße gereinigt werden:

➤ Gefäße mit kochendheißem Wasser auswaschen. Kein Spülmittel verwenden.

➤ Nippeltränke ebenfalls mit heißem Wasser säubern. Da man mit der Flaschenbürste nur sehr schwer in alle Ecken kommt, folgenden Trick anwenden: Flasche halbvoll

Frisches Grünfutter ist für Meerschweinchen die natürlichste und gesündeste Nahrung.

mit Wasser füllen und 2–3 Blatt Küchenpapier hineinstopfen. Durch Schütteln entsteht ein Papierbrei, der die Flasche gut säubert. Anschließend Brei wegschütten und Flasche ein paarmal ausspülen.
➤ Nippeltränke mit zimmerwarmem Wasser füllen. Eiskaltes Wasser führt beim Meerschweinchen zu Verdauungsstörungen.
<u>Einmal in der Woche</u> wird der Käfig gesäubert:
➤ Einstreu in die Tonne für kompostierbare Abfälle geben (wenn vorhanden). Katzenstreu kommt in die Mülltonne.

☞ Hinweis: Gartenbesitzer können Sägespäne oder Stroh auf ihren Komposthaufen werfen. Meerschweinchenkot verrottet sehr gut. Torf läßt sich sogar direkt aufs Beet ausbringen. Bei größeren Mengen sich an einen Bauern oder Reitstall wenden, ob sie den Mist abnehmen.

➤ Bodenschale mit heißem Wasser und einem Allzweckreiniger schrubben.
Urinstein löst man am besten mit Essig- oder Zitronensäure und entfernt ihn dann mit Spachtel oder Bürste. Danach sehr sorgfältig ausspülen, damit es zu keinen Hautverätzungen beim Meerschweinchen kommt. Gut trocken wischen und frische Einstreu einfüllen.
<u>Einmal im Monat</u> sollten Sie das Gitteroberteil mit heißem Wasser in der Badewanne abbrausen. Sonst natürlich auch, wenn es notwendig ist.

☞ Hinweis: Desinfizieren müssen Sie den Käfig nur zur Vorbeugung einmal im Jahr. Als mildes Desinfektionsmittel empfiehlt sich der aus Orangenöl hergestellte Universalreiniger Oranex (in Naturläden erhältlich). Er wird unverdünnt oder leicht verdünnt verwendet, ist preiswert, riecht angenehm und schadet den Tieren erfahrungsgemäß nicht. Wenn Sie wegen eines Krankheitsfalls desinfizieren müssen, sollten Sie sich vom Tierarzt beraten lassen.

Tips für den Umgang mit dem trächtigen Meerschweinchen

Daß Ihr Meerschweinchen Mutter wird, fällt in den ersten 4 Wochen so gut wie gar nicht auf (→ Seite 87). Wenn das Weibchen also ohne Ihr Wissen gedeckt wurde, ist es etwas schwierig, sich besonders darauf einzustellen. Das muß Sie aber nicht sonderlich beunruhigen, denn im Grunde braucht ein trächtiges Tier keine Extrabehandlung. Dennoch empfiehlt es sich, folgendes zu beachten:
➤ Seien Sie sehr vorsichtig beim Hochnehmen und Tragen beziehungsweise vermeiden Sie überhaupt, das Tier herumzutragen.
➤ Schärfen Sie auch Ihrem Kind ein, daß es seinen Liebling in diesen Wochen nicht drücken und knuddeln darf, sondern nur sanft streicheln.
➤ Geben Sie viel vitaminreiches Grünfutter oder setzen Sie dem Futter Vitamine hinzu.
➤ Den täglichen Auslauf in der Wohnung oder im Garten auf keinen Fall

streichen, denn selbst hochschwangere Tiere rennen noch gern herum. Nur gehetzt wollen sie nicht werden, zum Beispiel beim Einfangen.

➤ Trennen Sie das Weibchen kurz vor dem Geburtstermin vom Männchen. Es kann nämlich bereits 12 Stunden danach schon wieder gedeckt werden. Außerdem lenkt das Männchen durch seine Zudringlichkeit das Weibchen von den Jungen womöglich so ab, daß es sich nicht genügend um deren Pflege kümmern kann (→ Seite 88).

Rettung aus der Not

Die Geschichte handelt von zwei Meerschweinchen, die von ihrem Halter völlig vernachlässigt worden waren. Hätte Patti sie nicht im letzten Moment entdeckt, wären sie wahrscheinlich elend verhungert. Aber Patti hatte so eine Spürnase für die leidende Kreatur. Schon als sie noch ganz klein war, hatte alles, was da kreucht und fleucht, ihr flammendes Mitleid hervorgerufen. Nun stand sie in meiner Küche und erzählte mir die Geschichte.

Die beiden Meerschweinchen verdienten allerdings ihr ganzes Mitleid. Bis auf die Knochen abgemagert und total verängstigt saßen sie im hintersten Winkel eines unglaublich verdreckten und stinkenden Verschlags. Ihre Haut war von Ekzemen bedeckt, und durch das ständige Kratzen kümmerten nur noch ein paar vereinzelte Haarbüschel vor sich hin.

Patti kochte vor Wut, als sie davorstand und mit dem Mann verhandeln mußte. Anfangs wollte er die Tiere nicht herausrücken, offenbar erhoffte er sich noch ein kleines Geschäft. Erst als Patti ihm mit dem Tierschutz drohte, gab er klein bei. Mit grober Hand holte er die zwei armseligen Wesen heraus, und beinahe hätte er sie auch noch hinunterfallen lassen, wäre Patti nicht rasch mit der Schachtel herbeigesprungen. Das, schwor sie sich dabei, sei die letzte Lieblosigkeit gewesen, die sie in ihrem Leben erfahren mußten. »Willst du sie mal sehen«, sagte sie am Ende ihres Berichts, in dem hauptsächlich von Geduld die Rede gewesen war. Sie zog das Tuch von dem Korb, den sie beim Hereinkommen neben die Tür gestellt hatte. Da hockten zwei niedliche Schweinchen dicht aneinandergekuschelt und gurrten leise vor sich hin. Sie sahen sichtlich zufrieden aus.

Wer ein Tier hält, muß auch die Verantwortung dafür übernehmen.

Gesunde Ernährung

Meerschweinchen »mäkeln« nicht am Essen herum. Sie sind anspruchslos und können schnell an bestimmte Futtersorten gewöhnt werden. Nur Zwiebeln und Kartoffeln mögen sie überhaupt nicht.

Grundnahrung Heu

Das »tägliche Brot« unserer Meerschweinchen ist Heu. Im Winter könnten sie sogar ausschließlich von Heu und Wasser leben, wenn kein frisches Grünzeug zu bekommen ist. Heu besteht nicht etwa nur aus Gras, sondern auch aus Klee und

Obst ist besonders gesund und schmeckt auch zu zweit sehr gut.

Wildkräutern. Je nach Zusammensetzung hat es einen unterschiedlichen Eiweißgehalt.

Brennesselheu ist das beste. Es enthält 13% Eiweiß und ist reich an

Kalk, Eisen und Phosphor. Zudem hat es einen hohen Vitamin-D-Gehalt, der für den Knochenbau von Bedeutung ist, wirkt blutreinigend, stoffwechselfördernd und sorgt für ein schönes Fell. Brennesseln sind das erste frische Vitaminfutter nach dem Winter und bleiben auch während des ganzen Jahres vitaminreich. Vor dem Verfüttern etwas anwelken lassen, damit sie nicht so brennen.

➤ Brennesselheu selbst gemacht: Junge Pflanzen ohne Blüten schneiden (alte Pflanzen brennen zu sehr) und drei bis vier Tage in der Sonne trocknen, aber nicht austrocknen lassen. Weit auseinanderbreiten und zweimal täglich wenden. Lose in einem großen Weidenkorb oder in einer luftiger Holzkiste aufbewahren oder in Büscheln an einem schattigen, luftigen Ort aufhängen.

Wo es Heu zu kaufen gibt: Im Zoofachhandel oder im Supermarkt gibt es Heu in kleineren Beuteln abgepackt. Wenn Sie größere Mengen benötigen, können Sie es günstig beim Bauern kaufen.

Beachten Sie beim Kauf: ➤ Hochwertiges Heu riecht aromatisch und ist leicht grünlich.

➤ Grummet ist die Bezeichnung für das Heu vom zweiten Schnitt. Achtung: Oft wird es noch etwas feucht eingebracht und kann dann schimmelig und staubig sein.

➤ Minderwertiges Heu ist entweder zu alt, oder ihm fehlen die wertvollen Kräuter. Altes Heu staubt stark, was die Meerschweinchen zum Niesen reizt. Gelbliches Heu besteht nur aus ausgetrockneten, verholzten Gräsern. An fauligem oder schimmeligem Heu kann das Tier sterben.

Heu ist Meerschweinchens »täglich Brot«.

Grün- und Saftfutter

Es ist die natürlichste und gesündeste Nahrung für ein Meerschweinchen. Futterpflanzen, Gemüse und Obst haben einen hohen Nährstoffgehalt und sind reich an Eiweiß, Kalzium und Vitamin C, das dem Meerschweinchen als einzigem Nager zugeführt werden muß.

Futterpflanzen zum Sammeln
Gut geeignet: Löwenzahnblätter (im Frühjahr auch mit Blüten und Samenanlagen), Gras, Huflattich, Ackerschachtelhalm, Vogelmiere, Schafgarbe, Beinwell, Bärenklau, Breit- und Spitzwegerich, Luzerne.
Bedingt geeignet: Rot- und Weißklee. Da er sehr stark bläht, nur in kleinen Mengen untermischen. Steinklee überhaupt nicht verfüttern.
Giftig: Da es eine Reihe von giftigen Pflanzen gibt, nur solche sammeln, die man genau kennt! Pflanzenführer verwenden.

Pflanzen nicht pflücken:
➤ am Rand vielbefahrener Straßen und in der Nähe von Autobahnen (Bleivergiftung!),
➤ auf Wiesen, die mit Pflanzenschutzmitteln behandelt wurden,
➤ in Parks und auf Grasflächen, wo viele Hunde ausgeführt werden, da durch deren Kot und Urin Krankheiten übertragen werden.

Aus Küche und Garten
Gut geeignet: Äpfel, Bananen, Erdbeeren, Kiwi, Melone, Mirabellen, Weintrauben, Chicoree, alle Salatsorten (→ Seite 71), Futterrüben, Kohlrabi, Paprika, Petersilie, rote Bete, Salatgurken, Sellerie, Spinat, Tomaten, Zucchini. Außerdem wegen ihres hohen Vitamin-C-Gehaltes alle Zitrusfrüchte und Steinobst, allerdings nur in geringen Mengen (manche Tiere gehen gar nicht ran).

Bedingt geeignet: Kopfsalat, vor allem, wenn er aus dem Treibhaus stammt (sehr nitratbelastet) und alle Kohlsorten, da diese zumeist Blähungen verursachen. Nur in kleinen Mengen verfüttern. Birnen nur als Leckerbissen, da sie wegen des hohen Zuckergehalts auch zu Blähungen führen können.
Giftig: Kartoffelkeime und rohe Bohnen.

☞ Hinweis: Säen Sie in einer Schale Gras- oder Salatsamen aus, dann haben Sie immer gesunde, frische Kost für Ihr Meerschweinchen.

Fertigmischfutter

Es enthält Weizen, Hafer, Haferflocken, Mais, Erdnüsse, Sonnenblumenkerne sowie grünlich-bräunliche Röllchen. Diese sogenannten Pellets sind vitaminisiertes und mineralisiertes Preßheu und eignen sich auch als Alleinfutter, zum Beispiel, wenn Sie für ein bis zwei Tage verreist sind. Ein bis zwei Eßlöffel täglich pro Meerschweinchen genügen. Es dürfen höchstens 10 bis 20 g sein, da das Tier sonst leicht zu fett wird. Wenn es gleichzeitig viel Grünzeug futtert, kann sogar noch weniger Kraftfutter gereicht werden.

Knabberkost

Meerschweinchen brauchen viel zum Nagen, damit sich die dauernd nachwachsenden Zähne genügend abnützen (→ Seite 59). Gut ist hartes Brot, das nicht angeschimmelt, gewürzt

Klettern, um an den Leckerbissen zu kommen.

Warum einfach, wenn's auch schwierig geh

oder gesalzen sein darf. Im Zoofachhandel wird eine Vielfalt von
Kräckern, Knabberherzen und
-stangen in den verschiedensten
Geschmacksrichtungen angeboten.
Legen Sie auch hin und wieder
Zweige zum Benagen in den Käfig,
zum Beispiel von Birken, Weiden
oder Obstbäumen. Besonders beliebt
sind junge Triebe.
Wichtig: Keine gespritzten oder ge-
frorenen Zweige reichen.

Trinkwasser ist wichtig

Meerschweinchen, die viel Saftfutter
fressen, trinken eigentlich kaum.
Trotzdem sollten sie in ihrer Trinkflasche immer Wasser haben, damit
sie selbst entscheiden können, wann
und wieviel sie trinken mögen.

Und das ist wichtig:
➤ Abgestandenes Leitungswasser
ist besser als frisches. In Gegenden,
wo das Wasser sehr gechlort ist,
abkochen oder Mineralwasser
reichen.
➤ Milch dürfen Meerschweinchen
nicht trinken, auch nicht verdünnt,
da sie Durchfall verursacht.
➤ Kamillentee mögen Meerschweinchen ganz gern.

☞ Hinweis: Reichern Sie das
Trinkwasser mit Vitamin C in Form
von Ascorbinsäure an (in der Apo-
theke erhältlich).

Vitamine und Mineralien

Ein Salzleckstein bietet dem Meerschweinchen die richtigen Salze im

Der Bissen war wohl doch zu groß.

Für ein Salatblatt verrenken sich Meerschweinchen sogar den Hals.

entsprechenden Mischungsverhältnis. Allerdings leckt nicht jedes Tier daran. An die Gitterstäbe hängen, denn auf dem Boden wird der Stein vom Urin aufgeweicht.

Vitaminpräparate gibt es im Zoofachhandel. Bei gesunder und abwechslungsreicher, besonders Vitamin-C-haltiger Nahrung sind sie nicht unbedingt notwendig. Im Winter ist eine zusätzliche Vitamingabe angezeigt, da in dieser Zeit im Gemüse und Obst wenig natürliche Vitamine enthalten sind.

Wie füttern Sie richtig?

➤ Füttern Sie zweimal am Tag und immer zur gleichen Zeit. Meerschweinchen gewöhnen sich daran.

➤ Geben Sie nie zuviel auf einmal. Was nach einer Stunde nicht aufgefressen ist, sollten Sie aus dem Käfig nehmen (mit Ausnahme von Heu).

➤ Nur frisches Futter ist auch wirklich gut. Grünzeug, Gemüse und Obst dürfen nicht welk, verfault oder verschimmelt sein.

➤ Heu und frisches Grünzeug gehören immer in die Raufe. Wenn Sie keine haben, füllen Sie ein Einkaufsnetz damit und hängen es ans Gitter. Nicht einfach auf den Boden des Käfigs werfen. Dort wird es von Kot und Urin verschmutzt.

➤ Obst, Gurken und Tomaten sollten gut abgewaschen, aber nicht geschält werden, da unter der Schale die meisten Vitamine sind. Paprika besser schälen, da die Schale schlecht zu kauen ist. Gewaschenes Gemüse gut abtropfen lassen. Auch Gemüse- und Obstschalen, die in der Küche abfallen, waschen und gut abtrocknen.

➤ Salat, vor allem Kopfsalat, sollten Sie wegen der vielen Schadstoffe waschen. Gut trocknen, zum Beispiel im Handtuch oder in einer Salatschleuder. Nasser Salat ist unter Umständen schädlicher als ungewaschener.

➤ Verfüttern Sie nichts direkt aus dem Kühlschrank. Das Tier kann sich an dem kalten Futter den Magen verderben.

➤ Den Trinkautomaten zweimal wöchentlich mit etwas abgestandenem Wasser neu füllen. Falls das Meerschweinchen nicht weiß, wie es ans Wasser kommt, stupsen Sie es mit der Schnauze leicht an das Trinkröhrchen. Es wird bald von selbst dahinterkommen, wie es geht.

☞ Hinweis: Ein Meerschweinchen, das übermäßig viel trinkt, ist entweder krank oder hat lange Zeit kein Grünfutter mehr bekommen. Oft trinkt es auch aus Langeweile. Wenn es daran liegt, sollten Sie die Flasche nur zu bestimmten Zeiten in den Käfig hängen.

➤ Legen Sie hin und wieder einen Weiden- oder Obstbaumzweig (ungespritzt) oder altes Brot zum Benagen und Beknabbern in den Käfig.

➤ Meerschweinchen fressen gern aus der Hand und lassen sich dabei streicheln.

➤ Ganz wichtig ist die regelmäßige Bewegung, damit Ihr Meerschweinchen vital und gesund bleibt.

Diät für Dicke

Hat das Meerschweinchen Speck angesetzt, sollten Sie es auf Diät setzen. Dicke Tiere werden träge und anfällig für Krankheiten.

➤ Lassen Sie Belohnungsfutter und Leckereien weg, und bleiben Sie konsequent, auch wenn es noch so quiekt und bettelt.

➤ Nur mehr 40 bis 60 g Saftfutter pro Tag reichen und Kraft- und Körnerfutter auf 20 g pro Woche (!) reduzieren. Statt Brot nur ungespritzte Zweige zum Knabbern geben und viel im Zimmer laufen lassen.

➤ Heu und Stroh kann in unbegrenzter Menge zur Verfügung stehen. Dazu viel frisches Wasser, möglichst mit Vitamintropfen angereichert, anbieten.

☞ Hinweis: Bei extremem Übergewicht sollten Sie besser den Tierarzt aufsuchen (→ Seite 80).

*H*eu und frisches Grünfutter entsprechen den natürlichen Bedürfnissen von Meerschweinchen am ehesten. Vieles können Sie im Garten pflücken oder vom Spaziergang mitbringen.

Fütterungsplan

Bei der Zusammenstellung des Futters sollten Sie auf eine ausgewogene Mischung achten. Meerschweinchen bekommt es nämlich gar nicht, wochenlang nur Grünfutter oder nur Trockenfutter zu fressen. Ihr Verdauungsapparat würde darauf sehr schlecht reagieren. Finden sie jedoch bei jeder Mahlzeit von allem ein bißchen vor, ist das besser und entspricht auch viel eher der natürlichen Ernährung.

Die folgenden Tips sind Vorschläge, die Sie Ihrer Situation gemäß abwandeln können. Da nicht jedes Tier gleich darauf reagiert, müssen Sie ausprobieren, was Ihr Meerschweinchen verträgt.

Tag und Zeit
Montag
Dienstag
Mittwoch
Donnerstag
Freitag
Samstag
Sonntag
Täglich
Einmal pro Woche

Melone

Obst, Gemüse und Grünfutter dürfen auf dem täglichen Meerschweinchen-Speiseplan nicht fehlen.

Kiwi

Apfel

Futter und Menge

morgens	nachmittags /früher Abend
20 g Fertigmischfutter (1–2 Eßlöffel) 1–2 Salatblätter, 1 kleine Karotte, 1 Apfelviertel	1 Raufe voll frisches Gras und Klee
20 g Fertigmischfutter 1-2 Salatblätter, 1 dicke Gurken-scheibe, 1 Kiwiviertel	1 Raufe voll Löwenzahnblätter
20 g Fertigmischfutter 1-2 Salatblätter, 2 Röschen Broccoli, 1 Apfelviertel	1 Raufe voll junge Brennesseln
20 g Fertigmischfutter 1-2 Salatblätter, 1 Paprikaschnitz, 1 Tomatenviertel, 1 Orangenspalte	1 Raufe voll frisches Gras und Klee
20 g Fertigmischfutter 1-2 Salatblätter, 1 Stück rote Bete, 1 Apfelviertel	1 Raufe voll frisches Gras und Kräuter
20 g Fertigmischfutter 2-3 Stengel Petersilie, 1 dicke Zucchinischeibe, 1 Melonenspalte	1 Raufe voll Ackerschachtelhalm, Huflattich und andere Pflanzen
20 g Fertigmischfutter 1-2 Salatblätter, 1 Kohlblatt, 1 halbe Karotte, 1 Gurkenscheibe	1 Raufe voll Gras und Wildkräuter

Die Menge Heu in die Raufe geben, die das Meerschweinchen innerhalb eines Tages frißt

15 g altes, steinhartes Brot oder Knabberstange 1 Obstbaumzweig und im Herbst trockenes Laub

Klee

Löwenzahn

Karotte

Tomate

Gurke

73

Gesundheitsvorsorge und Krankheiten

Meerschweinchen sind von Natur aus robuste Tiere. Werden sie richtig gehalten und gefüttert, haben sie zudem viel Bewegung, dann ist dies die beste Vorbeugung gegen Krankheiten.

Gesund durch richtige Ernährung

Aufgrund seines speziellen Verdauungssystems ist das Meerschweinchen auf rohfaserreiche Nahrung angewiesen, die aus einer Vielzahl von Pflanzen und Kräutern zusammengesetzt sein muß (→ Seite 67). Diese Nahrung sollte dem Tier das ganze Jahr über zur Verfügung stehen.

Hygiene ist wichtig

Unsaubere Käfige, verdorbenes Futter oder abgestandenes Trinkwasser begünstigen das Wachstum von gesundheitsschädlichen Mikroorganismen wie Bakterien, Viren und Pilzen. Auch Parasiten werden in verschmutzter Umgebung leichter übertragen. Die Krankheitserreger können andere Heimtiere und auch den Menschen infizieren.
Deshalb Käfig, Zubehör und Futternäpfe regelmäßig mit kochend heißem Wasser reinigen (→ Seite 63). Waschen Sie sich nach jeder Versorgung und Berührung des Meerschweinchens die Hände. Grundsätz-

lich sollte kein Tier geküßt werden. Achten Sie auch darauf, daß Ihr Kind das Meerschweinchen nicht an die unbedeckte Haut drückt.

Gesundheitliche Probleme für den Menschen

Durch den häufig engen Körperkontakt zum Meerschweinchen als »Streicheltier« kommt es gelegentlich zu gesundheitlichen Problemen.
Allergien: Voraussetzung für das Entstehen einer Allergie ist immer eine Allergiebereitschaft als Folge einer familiären Veranlagung. Beim Spielen, Streicheln, Füttern oder sonstigem Umgang mit dem Meerschweinchen kann es zu einer Sensibilisierung dieser Veranlagung kommen. Bei allergischen Reaktionen (Juckreiz, Hautrötung) sollten Sie sofort einen Facharzt für Allergologie aufsuchen. In letzter Konsequenz kann es notwendig sein, daß ein bereits liebgewonnenes Tier wieder abgegeben werden muß.
Zoonosen: Hierunter versteht man Krankheiten, die vom Tier auf den Menschen übertragen werden kön-

nen. Beim Meerschweinchen treten solche Krankheiten, mit Ausnahme von Hautkrankheiten, nur selten auf. Die Infektion kann über direkten Körperkontakt, durch Staubpartikel in der Luft, durch Kot und Urin, aber auch über Verletzungen erfolgen. Da die Krankheitserscheinungen vielfach wenig charakteristisch sind, empfiehlt es sich im Zweifelsfall immer ärztlichen Rat einzuholen. Niemals aber sollte ein Meerschweinchen allein auf Verdacht hin eingeschläfert werden. Vor allem Kinderärzte sind oft überängstlich und vorschnell mit der Aussage, das Heimtier könnte als Krankheitsüberträger in Frage kommen. Hier muß der Tierarzt nach eingehender Untersuchung die entscheidende Instanz sein, am besten nach Rücksprache mit dem Kinderarzt.

Pilzerkrankungen: Mikrosporie und Trichophytie sind beim Meerschweinchen immer wieder anzutreffen und äußern sich in typischen, oft kreisrunden Hautrötungen in Verbindung mit starkem Juckreiz und Haarausfall. Beim Menschen sind dieselben Symptome festzustellen. In diesen Fällen muß das Meerschweinchen zum Tierarzt, der Mensch zum Hautarzt.

Räudemilben: Sie treten beim Meerschweinchen in Folge schlechter Haltungsbedingungen relativ häufig

Schon wenige Minuten nach der Geburt beginnt sich das Kleine vollendet zu putzen.

75

auf. Durch direkten Hautkontakt können sie auf den Menschen übergehen und pustelförmigen Hautausschlag mit Juckreiz hervorrufen.

Salmonellose: Salmonellose-Infektionen kommen bei Meerschweinchen relativ häufig vor. Sie verlaufen jedoch meistens ohne Symptome. Daneben gibt es eine akute Form mit wässrig-blutigem Durchfall und plötzlichem Verenden und einen chronischen Verlauf mit wechselnder Kotbeschaffenheit, Abmagern und Kümmern. Da die Salmonellose-Erreger des Menschen mit denen des Meerschweinchens identisch sind, kann es zur Ansteckung vor allem bei Kindern kommen.

Lymphozitäre Choriomeningitis (LCM): Diese Krankheit, die auch beim Menschen Gehirnhautentzündung hervorruft, wird vor allem durch Mäuse und in seltenen Fällen durch den Goldhamster übertragen. Es handelt sich um eine Jungtiererkrankung, die zwischen dem 3. und 6. Lebensmonat auftritt. Für das Meerschweinchen ist LCM von untergeordneter Bedeutung, da sie in Zuchten bislang nicht festgestellt wurde.

Tuberkolose, Listeriose, Leptospirose, Tollwut, Speicheldrüsenvirus: Hier sind Übertragungen vom Meerschweinchen auf den Menschen nicht oder nur in Einzelfällen bekannt.

Hund und Meerschweinchen – eine seltene Tierfreundschaft. Aber Vorsicht – das ist nicht die Regel.

Die ersten Krankheitszeichen

Wenn Sie sich regelmäßig mit Ihrem Tier beschäftigen, wird Ihnen eine Veränderung im Verhalten und Aussehen sofort auffallen.

Sobald das Meerschweinchen nicht mehr aufgeregt quiekt, wenn Sie ihm Futter bringen, sondern teilnahmslos in einer Ecke hockt, mit tiefliegenden, glanzlosen Augen und gekrümmtem Rücken, dann ist etwas nicht in Ordnung. Ist noch dazu das Fell struppig und stumpf, und verliert das Tier mehr Haare als gewöhnlich, kratzt es sich ständig, atmet es stoßweise oder zeigt sonstige auffällige Verhaltensweisen, sind das erste Anzeichen einer möglichen Krankheit. Dabei ist zu beachten, daß die kleinen Nager nur über ein geringes mimisches Ausdrucksvermögen verfügen und Krankheitszustände relativ spät erkennen lassen. Dieses Verhalten ist sogar ein Teil ihrer Überlebensstrategie in der Natur, um im Rudel nicht sofort als krank ausgegrenzt zu werden. Es ist also durchaus möglich, daß ein Meerschweinchen schon länger krank ist und rasche tierärztliche Hilfe braucht. Im Zweifelfall also immer gleich zum Tierarzt gehen.

Leichte Gesundheitsstörungen

Leichtere Gesundheitsstörungen lassen sich oft beheben, wenn Sie sofort etwas dagegen tun. Hier einige Ratschläge, wie Sie Ihrem Meerschweinchen zunächst einmal selber helfen können.

Leichter Durchfall: Er ist an schmierig, ungeformter Kotbeschaffenheit und heller Farbe zu erkennen. Das Allgemeinbefinden des Tiers ist dabei gut. Zunächst Saftfutter und Grünzeug weglassen, stattdessen Heu und lauwarmen Kamillen- oder Fencheltee als Getränk anbieten. Dazu Weidenzweige und geriebene Möhren. Für trockene und von unten wärmende Einstreu sorgen (Haferstroh oder Heu). Wenn der Kot spätestens nach 2 Tagen noch nicht fest ist, zum Tierarzt gehen.

Kotabsatzbeschwerden: Nachsehen, ob vielleicht die sogenannte Perinealtasche um den After mit Kot angeschoppt ist. Wenn ja, durch vorsichtiges Ausdrücken und mit Hilfe eines angefeuchteten Wattestäbchens entleeren. Im Falle von kleinen, harten Kotbällchen als erstes Trinkflasche überprüfen, ob sie richtig funktioniert. Häufig ist einfach Wassermangel schuld! Körnerfutter für ein paar Tage absetzen, Gurke und Melone anbieten, dazu 3 × täglich 1 Eßl. Sauerkrautsaft aus dem Reformhaus in die seitliche Backentasche spritzen (mit Einwegspritze ohne Kanüle). Wiederholt mit kreisenden Fingerbewegungen den Bauch des Tieres massieren. Brennesselheu, Sauerampfer und Löwenzahnblätter wirken ebenfalls unterstützend. Wenn sich nach 24 Stunden keine Besserung einstellt, den Tierarzt zu Rate ziehen.

Reizschnupfen: Beseitigen Sie mögliche Ursachen, zum Beispiel staubiges Heu oder ätzende Putzmittel, die Gase entwickeln.

*F*risches, vitaminreiches Futter ist zur Gesunderhaltung notwendig. Auch eine artgerechte, saubere Unterbringung hilft Krankheiten zu verhüten.

Checkliste für Gesundheitsstörungen und Krankheiten

Das fällt auf	Mögliche Ursachen, die Sie leicht selbst abstellen können
Sitzt lustlos herum, quiekt nicht zur Begrüßung	Langeweile, Fehlen eines Sozialpartners, zu wenig Zuwendung, falsches Käfiginventar, kein Auslauf
Frißt nicht	Ungeeignetes oder verdorbenes Futter, Wassermangel, zu niedrige oder zu hohe Umgebungstemperatur, Zugluft, durchnäßte Einstreu
Speicheln, Fellverklebungen im Unterkieferbereich	Mangelhafter Zahnabrieb – vorbeugend Nagematerial (→ Seite 68)
Durchfall	Plötzlicher Futterwechsel (von Trocken- auf Grünfutter), verdorbenes oder zu kaltes Futter, abgestandenes oder zu kaltes Wasser, zu kühle oder feuchte Haltung, Zugluft
Pressen ohne Absetzen von Kot und Urin	Bewegungsmangel, defekte Trinkflasche, plötzlicher Übergang von Grün- auf ausschließliche Trockenfütterung
Niesen, Husten	Zugluft, Reizung durch Einstreu (z. B. Torf), ätzende Putzmittel, staubiges oder schlecht gewordenes Heu
Tränende Augen, gerötete, eventuell geschwollene Lider, wäßriger bis eitriger Ausfluß	Reizung durch Staub oder Fremdkörper, Verletzung durch Kratzen, in die Lidspalte hereinragende Haare (Langhaar- oder Rosettenmeerschweinchen)
Beschleunigte Atmung	Überhitzung, Angst, Streß
Vermehrtes Kratzen	Unsaubere Haltung, schlechte Fellpflege (Verfilzungen)
Lahmen	Zu lange Krallen, falsche Einstreu (zum Beispiel Katzenstreu)
Leichte Blutungen	Oberflächliche Hautwunden
Kahle Stellen im Fell	Vitaminmangel infolge einseitiger Ernährung, Fellbeißen durch Rauhfuttermangel

Alarmzeichen, wenn diese Symptome dazukommen	Mögliche Diagnose und sofortige Behandlung durch den Tierarzt
Apathie, Appetitlosigkeit, Durchfall, Abmagern, gesträubtes Haarkleid	Schwere Verdauungsstörung oder infektiöse Ursachen
Übelriechende Durchfälle, manchmal mit Blutbeimengungen, Aufkrümmen des Rükkens, Apathie, verklebte Nasenöffnungen	Vergiftung, Darminfektion (Salmonellose, Kokzidiose), Kotprobe mitbringen, Tier isolieren
Hautrötung, Haarausfall, Krusten um die Mundspalte, keine Futteraufnahme	Zahnfehler, Verletzungen der Mundschleimhaut, Vitamin C-Mangel, Virusinfektion
Fehlende Nahrungsaufnahme, verliert an Kräften, tiefliegende Augen, Apathie, Kümmern, Abmagern	Dysbakterien, Darmkokzidiose, Futtertoxikation, Darmentzündung, Austrocknung
Erhöhte Temperatur, Nachziehen der Hinterläufe, Krämpfe, Atembeschwerden	Verstopfung, Harnflußstörung, Harnwegsinfekte, Meerschweinchenlähme
Apathie, Atemnot, Nasenausfluß, Gewichtsverlust	Ansteckender Schnupfen, Bronchitis, Bronchopneumonie (Infektionskrankheiten) – Tiere sofort von den anderen isolieren
Lichtscheu, Bindehautrötung, Hornhauttrübung, stark hervortretende Augen	Bindehautentzündung, Hornhautgeschwür, Glaukom
Backenblasen, Flankenatmung, Blauverfärbung der Schleimhäute	Hitzschlag, Schock, sofort zum Tierarzt
Verklebte Haare, schmierige oder borkige Beläge, Kratzen in Verbindung mit Krämpfen, Kopfschiefhaltung	Meerschweinchenräude, Hautpilzinfektion, Gehörgangsentzündung
Bewegungsunlust, Nichtbelasten einer Extremität, Nachziehen der Hinterläufe, Gleichgewichtsstörungen	Sohlenballenentzündung, Muskelzerrung, Knochenbruch, Wirbelsäulenverletzung, Schädeltrauma, Entzündung im Innenohr
Krämpfe, Selbstverletzung durch Bisse	Meerschweinchenräude
Kreisrunde, haarlose Stellen, beidseitig symmetrischer Haarausfall	Mangelerkrankungen, Mykosen, Hormonstörung

Das kranke Meer-
schweinchen

Der Gang zum Tierarzt

Meerschweinchen können weder durch ihre Mimik noch ihre Stimme Schmerzen äußern. Aus ihrem Verhalten lassen sich über die Schwere der Krankheit also wenig Rückschlüsse ziehen. Schieben Sie deshalb den Gang zum Tierarzt nicht allzulange hinaus. Am besten bringen Sie das Tier in einem gut verschlossenen Körbchen oder einem Tier-Transportbehälter (→ Zeichnung 4) in die Praxis.

Um den Tierarzt bei seiner Diagnose zu unterstützen, ist es hilfreich, über folgende Punkte Bescheid zu wissen:

Woher stammt das Tier? Seit wann haben Sie es in Besitz? Wie alt ist es? Welche Verhaltensveränderungen wurden wann erstmals bemerkt? Was füttern Sie? Wurde in letzter Zeit die Futterzusammensetzung verändert? Sind Kot und Urin verändert (am besten Proben mitbringen!). Wie ist das Umfeld (Käfig, Käfigstandort, Käfiginventar, Auslauf usw.). Bestand Kontakt zu anderen Heimtieren?

Pflegetips

<u>Unterbringung</u>: Das Tier vorsorglich getrennt von anderen Meerschweinchen in einem Einzelkäfig halten. Bei ansteckenden Krankheiten häufig Einstreu wechseln. Käfig und Zubehör desinfizieren.

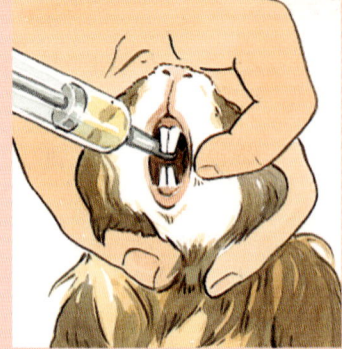

1 Flüssigkeit mit einer Einwegspritze angsam einträufeln.

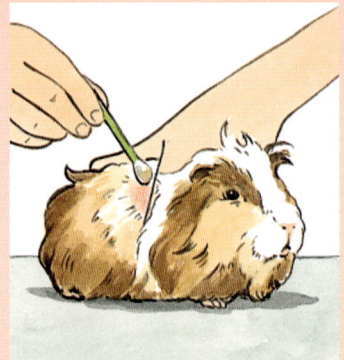

2 Salbe am besten mit einem Wattestäbchen auftragen.

3 Augenwinkel mit Papiertaschentuch betupfen.

<u>Standort:</u> Zugfreier, angenehm temperierter, ruhiger und nicht zu heller Raum.

<u>Trinken:</u> Das kranke Tier muß auf jeden Fall Flüssigkeit zu sich nehmen, sonst trocknet es aus. Wasser oder Tee mit Hilfe einer Einwegspritze (ohne Kanüle) langsam in die seitliche Backentasche einträufeln. Dabei immer wieder absetzen und das Tier nach hinten mümmeln lassen (→ Zeichnung 1).

<u>Salbe auftragen:</u> Bei kleineren Verletzungen Fell im Umkreis der Wunde vorsichtig wegschneiden. Wunde mit Kamillentee reinigen und Ringelblumen- (Calendula) oder Traumeelsalbe auftragen, bis sie eingezogen ist (→ Zeichnung 2)

<u>Augenbehandlung:</u> Bei geschwollenen Bindehäuten vorsichtig den Augenwinkel drei- bis viermal täglich mit Euphrasia (10 Tropfen auf ein Glas warmes Wasser) betupfen (→ Zeichnung 3). Tier während der Krankheit bei abgedämpftem Licht halten.

Einschläfern

Wenn das Meerschweinchen an einer schmerzhaften und unheilbaren Krankheit leidet, ist es manchmal unumgänglich, das Tier einzuschläfern. Dabei ist jedoch zu berücksichtigen, daß jedes Tier vor allem leben möchte. Gerade bei älteren Meerschweinchen entwickeln sich Krankheiten und Behinderungen erst allmählich und das Tier gewöhnt sich mit der Zeit an diesen Zustand. Es

leidet nicht unbedingt an großen Schmerzen.

Entscheiden Sie zusammen mit dem Tierarzt, ob das Meerschweinchen tatsächlich eingeschläfert werden muß.

Besonders ein Kind will oft nicht einsehen, daß es von seinem geliebten Spielkamerad Abschied nehmen muß. Es liegt an Ihnen, wie Sie dem

4 In diesem Transportbehälter fühlt sich das Tier sicher.

Kind das Thema Tod begreiflich machen.

Der Tod eines Tieres, auch der natürliche, schmerzt immer, verlieren wir doch einen Freund, ein Mitglied der Familie, das uns in all den Jahren ans Herz gewachsen ist. Manchmal kümmert auch ein »hinterbliebenes« Meerschweinchen dahin, weil es den Verlust eines Partners nicht verkraftet. Dem Tier einen neuen Partner zuzugesellen hat sich oft als eine gute Lösung erwiesen. Gehen Sie aber behutsam bei der Aneinandergewöhnung vor (→ Seite 106).

Meerschweinchen gezielt züchten

Meerschweinchen bescheren ihrem Besitzer mit Leichtigkeit Nachwuchs. Das Züchten von Rassemeerschweinchen bringt dem Tierliebhaber also eine Menge Freude und Abwechslung, aber auch viel Arbeit.

*M*eerschweinchen sind sehr fruchtbar. Wenn Sie ein geschlechtsreifes Pärchen zusammensetzen, können Sie bereits wenige Wochen später mit Nachwuchs rechnen.

Überraschender Nachwuchs

Von geplantem und dennoch überraschendem Nachwuchs handelt folgende Geschichte. Eine Bekannte wollte ihre Pauline einmal Junge bekommen lassen und lieh sich dazu Schufti aus, ein hübsches rostrotes Böckchen mit einer weißen »Bauchbinde«. Die beiden mochten sich auf Anhieb, doch Nachwuchs gab es nicht, weil Pauline nicht aufnahmefähig war. (Auch das ist bei Meerschweinchen möglich.) Weil Schufti wieder abgeholt wurde und Pauline recht einsam wirkte, wurde ihr Natascha, ein Russenweibchen zugesellt, das zu verschenken war. Diesmal klappte es mit der Freundschaft nicht sogleich, aber die beiden Weibchen rauften sich zusammen. Und dann geschah es, daß eines Morgens im Käfig statt zwei vier Meerschweinchen umherwuselten. Natascha war bereits schwanger gewesen, bevor sie zu Pauline kam. Böse war meine Bekannte darüber nicht, schließlich hatte sie sich ja Junge gewünscht.

Auch wenn Kinder sich gegenseitig mit ihren Meerschweinchen besuchen, kann es ganz leicht zu Nachwuchs kommen. Übrigens nicht immer rein zufällig, wie mir einmal eine meiner kleinen Brieffreundinnen gestand. Sie wünschte sich so sehr eine Meerschweinchen-Kinderstube, doch ihre Eltern waren nicht einverstanden, und da versuchte sie es eben über die »höhere Gewalt«. Ich bin sicher, daß am Ende auch die Erwachsenen über die reizenden Jungen entzückt waren. Nur sollte sich jeder rechtzeitig überlegen, was er mit den Jungen machen will, sonst schreitet die Vermehrung unaufhaltsam weiter.

Die Zucht mit Rassemeerschweinchen

Wer eine Zucht beginnen will, braucht genaue Kenntnisse über die Vererbungsregeln. Ziel eines guten Züchters ist ja, nicht nur gesunde, sondern auch schöne Tiere zu bekommen. Schön bedeutet beim

Meerschweinchen, daß es so genau wie möglich den Richtlinien entspricht, die für die verschiedenen Rassen in einem Standard festgelegt sind (→ Seite 32). Ein Züchter will ja in erster Linie seine Tiere auf Ausstellungen zeigen und bewerten lassen. Dazu führt er ein Zuchtbuch und spezialisiert sich auf ganz bestimmte Haar- und Farbmerkmale.

Die Auswahl der Elterntiere

Beide Elterntiere müssen gesund und kräftig sein und das richtige Alter haben.

Weibchen dürfen erst mit 4 bis 6 Monaten zur Zucht eingesetzt werden. Eine zu frühe Trächtigkeit schadet ihnen. Sie sterben häufig bei der Geburt, haben Totgeburten, oder die Jungen müssen beim ersten Wurf mit Kaiserschnitt geholt werden. Auch sind solche Weibchen später krankheitsanfälliger, haben Wachstumsstörungen und eine geringere Lebenserwartung. Älter als 1 Jahr sollte ein Weibchen bei seinem ersten Wurf jedoch nicht sein, da es sonst nicht mehr aufnimmt und häufig Früh- oder Totgeburten hat. Züchten kann man mit Weibchen bis zu einem Alter von 4 bis 5 Jahren.

Männchen können mit 6 bis 7 Monaten zur Zucht eingesetzt werden. Mit 6 Jahren sollte man sie dann

Dieses Junge hat die Farbe, aber nicht die Fellstruktur seines Vaters.

wieder herausnehmen. Gewöhnlich regelt es die Natur, wie lange ein Bock zur Zucht verwendet werden kann. Er wird ja nicht zum Decken gezwungen und körperlich auch nicht so belastet wie ein Weibchen. Im übrigen hat das Alter des Männchens keinen Einfluß auf den Gesundheitszustand des Nachwuchses. Bei vererbbaren Mißbildungen, zum Beispiel Gebißfehlstellungen, die sich oft erst mit 2 bis 3 Jahren zeigen, sollte das Männchen allerdings sofort aus der Zucht herausgenommen werden.

Kurz nach der Geburt.

Inzucht

Bei Meerschweinchen wird von der Inzucht Gebrauch gemacht. Dabei wird die Mutter mit dem kräftigsten Sohn, der Vater mit der idealsten Tochter gepaart. Ziel ist es, Eigenschaften wie Größe, Farbe, Haar-

länge, aber auch Körperbau, Konstitution, Widerstandskraft und lange Lebensdauer herauszuzüchten. Bei Tieren mit gleichen Eigenschaften, zum Beispiel aus einer Familie, läßt sich ein bestimmtes Zuchtziel schnell erreichen. Daß dabei oft auch unerwünschte Eigenschaften weitervererbt werden, liegt in der Natur der Sache. Grundsätzlich müssen Sie auf folgendes achten:

➤ Keine Geschwister miteinander verpaaren.

➤ Eine Verpaarung von Halbgeschwistern kann durchgeführt werden, wenn die Eltern keine Vererbungsschäden wie Mißbildungen oder Krankheitsanfälligkeit aufweisen. Um verdeckte Schäden durch Inzucht auszuschließen, besser nur Halbgeschwister kreuzen, bei denen die Eltern und Großeltern selbstgezüchtet wurden beziehungsweise de-

Schon in den ersten Tagen kann das Junge am Salat knabbern.

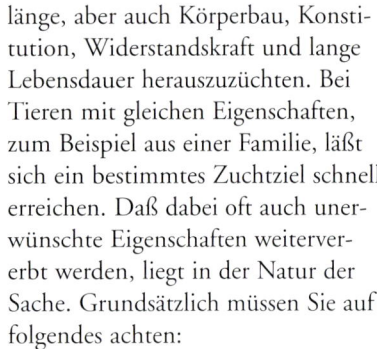

ren Stammbaum nachweisbar ist. Bei Meerschweinchen aus dem Zoofachhandel ist das meistens nicht möglich und deswegen das Risiko zu groß.

➤ Inzucht nur über zwei Generationen betreiben. Es besteht sonst die Gefahr von Mißbildungen, zum Beispiel fehlende Augen, verkrüppelte Füßchen, Schädigung der inneren Organe, geringe Lebenserwartung.

➤ Immer wieder ein fremdes Tier mit denselben Rassemerkmalen und gewünschten Eigenschaften zur Zucht miteinbeziehen.

☞ Hinweis: Um bestimmte Haar- und Farbmerkmale herauszuzüchten, müssen Sie deren genetische Formel kennen und genau über die Vererbung Bescheid wissen. Darauf näher einzugehen würde den Rahmen unseres Buchs sprengen. Hinweise auf die entsprechende Literatur finden Sie auf der Seite 127.

Wie das Pärchen zusammenlebt

Wenn Sie Ihrem Weibchen einen Bock zugesellen wollen, sollten Sie die beiden erst einmal aneinander gewöhnen. Setzen Sie nicht einfach den Fremdling zu der Alteingesessenen, das kann üble Folgen haben. Wenn der Käfig genügend groß ist (mindestens 80×80×45 cm), können Sie ihn mit einem Gitter-Trennschieber in der Mitte teilen. Ansonsten lassen Sie die beiden Tiere in ihren Käfigen und stellen diese dicht nebeneinander. So kann sich das zukünftige Paar sehen und auch beschnuppern. Nach ein bis zwei Tagen nehmen Sie das Gitter heraus beziehungsweise setzen die beiden Meerschweinchen in einen Käfig zusammen, natürlich unter Ihrem wachsamen Auge. Anfangs werden sie versuchen, einander zu imponieren und sich gegenseitig anzustup-

Nasenkontakt. So erkennen sich Mutter und Kind wieder.

sen. Aber das gehört zum Ritual. Nur wenn sie sich beißen, müssen Sie sie trennen und es nach einer Weile erneut versuchen. Vertragen sich die Tiere dann immer noch nicht, bleibt Ihnen nichts anderes übrig, als es mit einem anderen Partner zu probieren.

☞ Hinweis: Reiben Sie Ihre Hände mit Parfüm ein und streicheln Sie die Meerschweinchen ausgiebig. Damit wird für einige Zeit der Eigengeruch der Tiere unterdrückt, das heißt sie riechen gleich, und das wirkt beruhigend. Setzt sich dann ihr eigener Geruch wieder durch, haben sie sich schon so aneinandergewöhnt, daß es zu keinen Streitigkeiten mehr kommt.

In der Regel leben Männchen und Weibchen sehr harmonisch miteinander. Der Bock verhält sich dem Weibchen gegenüber friedlich. Sollte es mal zu Meinungsverschiedenheiten kommen, ist er meistens der Klügere, der nachgibt. Wird er dennoch zu aufdringlich, gibt sie ihm »Nasenstüber« mit den Zähnen oder reißt ihm auch mal ein paar Nackenhaare aus.
Das Männchen erträgt nicht nur alles geduldig, sondern überläßt dem Weibchen auch besondere Leckerbissen, um die sich zwei Weibchen oder zwei Männchen oft hartnäckig streiten würden.

Nestflüchter Meerschweinchen. Drei Wochen lang werden die Kleinen von der Mutter gesäugt. Zusätzlich nehmen sie schon bald nach der Geburt auch feste Nahrung zu sich.

Werbung und Paarung

Meerschweinchen sind eigentlich das ganze Jahr über brünstig. Es bedarf nur der beharrlichen Werbung, und die betreibt das Männchen mit Ausdauer. Dabei kann man drei Phasen beobachten:

Phase 1: Viele Male umkreist der Bock das Weibchen mit bedächtigen Schritten und wiegendem Hinterteil und gibt knatternde Laute von sich. Das frißt indessen oder putzt sich und drückt damit sein Desinteresse aus.

Phase 2: Der Bock versucht, mit seiner Flanke an ihrem Körper entlangzustreifen. Dagegen wehrt sie sich heftig, indem sie sich auf die Hinterbeine setzt, die Vorderbeine durchdrückt und mit weit aufgerissenem Mäulchen die Zähne zeigt. Das sieht gefährlicher aus, als es ist. Genügt diese Warnung nicht, fährt sie dem Werber mit den Zähnen über die Nase. Danach weicht das Männchen quiekend zurück. Kennen sich die beiden schon besser, geht das Weibchen dem Männchen lediglich aus dem Weg oder verpaßt ihm ein paar Harnspritzer, um es in seine Schranken zu weisen.

Phase 3: Alle 14 bis 18 Tage ist das Weibchen brünstig, das heißt, zur Paarung bereit. Die Eier, die sich in seinen Eierstöcken entwickelt haben, sind im für eine Befruchtung günstigsten Stadium, und die sonst durch einen Schleimpfropfen verschlossene Vagina (Scheide) ist für 24 Stunden frei. Jetzt wird das Männchen »erhört«. Das Weibchen legt sich auf den Bauch und hebt das Hinterteil.

Der Deckakt dauert nur wenige Sekunden. Danach putzen sich die beiden Tiere auffällig und sorgfältig, vor allem im Genitalbereich.

Wurde das Weibchen nicht gedeckt, reifen in den folgenden 14–18 Tagen in den Eierstöcken die nächsten Eier heran, und dann ist es wieder zur Paarung bereit.

Tragzeit

Wenn das Weibchen aufgenommen hat, das heißt, die Eier befruchtet wurden und sich in der Gebärmutter festgesetzt haben, dauert es durchschnittlich 68 Tage, bis die jungen Meerschweinchen auf die Welt kommen. Daß es trächtig ist, merkt man dem Weibchen zunächst gar nicht an, denn es legt keinerlei verändertes Verhalten an den Tag. Das Männchen ist in dieser Zeit sehr aufmerksam und überläßt der werdenden Mutter den besten Platz am Futternapf.

Erst ab der 4. Woche wird das Weibchen rundlicher, und die Zitzen vergrößern sich. In den letzten zwei Wochen der Schwangerschaft ist es ausgesprochen plump, denn die Jungen machen mehr als die Hälfte des Körpergewichts aus. Man kann ihre

Mutter hat nur zwei Zitzen. Aber Geduld! Jedes kommt dran.

Bewegungen im Mutterleib deutlich sehen und auch spüren.

Auf die Geburt bereitet sich die zukünftige Mutter nicht besonders vor. So macht sie keinerlei Anstalten, ein Nest zu bauen. Deswegen ist es für einen unerfahrenen Meerschweinchen-Halter oft schwierig zu erkennen, was da auf ihn zukommt.

Darf das Männchen bei der Geburt dabei sein?

Bei Meerschweinchen besteht nicht die Gefahr, daß der Vater aggressiv gegen die Jungen wird oder sie gar totbeißt. Sie können ihn also getrost im Käfig lassen. Meistens ist es dem Weibchen gleichgültig, ob der Bock anwesend ist. Doch manchmal übt er auch eine beruhigende Wirkung auf die werdende Mutter aus. Es sind Fälle bekannt, in denen der Vater beim Trockenlecken der Neugeborenen geholfen hat. Im allgemeinen scheint ihm der Geburtsvorgang jedoch gleichgültig zu sein, denn er hält sich meistens am anderen Ende des Käfigs auf.

☞ Hinweis: Quartieren Sie dennoch das Männchen aus, und zwar vor der Geburt. Das Weibchen wird nämlich einige Stunden danach wieder brünstig und läßt sich vom Männchen decken. Dann sind gute zwei Monate später von neuem Junge zu erwarten. Nach etwa 3 bis 4 Tagen können Sie das Männchen wieder zu seiner Familie lassen.

Geburt

Im allgemeinen ist, wie alles beim Meerschweinchen, auch die Geburt völlig unproblematisch. Da sie meist nachts oder in der Morgen- beziehungsweise Abenddämmerung stattfindet, wird man oft davon überrascht. An bestimmten Anzeichen wie Graben in der Einstreu, Anschwellen des Geschlechtsteils und Schleimabsonderung oder sichtbare Wehen durch Zusammenziehen des Bauchs können Sie erkennen, daß das Ereignis unmittelbar bevorsteht.

Geburtsverlauf: Das Weibchen bleibt sitzen und bekommt das Junge unter sich. Zwischen seinen Vorderbeinen hindurch reißt es mit den Zähnen die Eihaut auf und frißt sie auf. Das ist wichtig, sonst würden die Jungen in kürzester Zeit ersticken. Danach leckt ihnen die Mutter Mund, Nase und Augen sauber. Kaum ist eines versorgt, meldet sich schon das nächste an. Meistens kommt erst zum Schluß etwas Blut, und zwar mit der Nachgeburt (Plazenta), die von der Mutter ganz oder teilweise aufgefressen wird.

Neugeboren und schon selbständig

Das Besondere an Meerschweinchen-Jungen ist, daß sie voll entwickelt auf die Welt kommen. Sie haben offene Augen, die sogar schon 14 Tage vorher im Mutterleib geöffnet sind, und ihr Fellchen ist dicht und glänzend seidig, sobald es die Mutter saubergeleckt hat.

»Schweinepyramide«. Selbst wenn's ums Fressen geht, halten Meerschweinchen zusammen.

Die Kleinen sind nämlich Nestflüchter, das heißt, sie können sofort laufen und sogar Gras, Heu und andere feste Nahrung fressen. Denn auch ihr Milchgebiß haben sie noch im Mutterleib gegen das bleibende ausgewechselt. Bereits eine bis zwei Stunden nach der Geburt beginnen die Jungen recht munter im Käfig herumzuwuseln, bleiben jedoch stets in der Nähe der Mutter und werden von ihr zwei bis drei Wochen gesäugt. Daneben naschen sie schon von Futter und Heu, weshalb es auch nicht sehr schwierig, ist, verwaiste Meerschweinchen-Kinder aufziehen. Wenn die Jungen verwaisen, am besten zu einem Meerschweinchen geben, das selbst gerade geworfen hat. Wenn sich das nicht anbietet, hat sich als Ersatz für die Muttermilch Milupa Heilnahrung bewährt. Sie wird so dünn wie Milch angerührt und den Kleinen mit einer Einwegspritze (ohne Kanüle!) langsam und tröpfchenweise ins Mäulchen gegeben. In den ersten 2 Wochen tagsüber etwa alle 1 bis 2 Stunden 1–1,5 ml, in der 3. Woche steigern auf 2 ml. Nachts muß nicht gefüttert werden.

☞ Hinweis: Setzen Sie die Kleinen zu einem erwachsenen Meerschweinchen, etwa einem Weibchen, das schon einmal geworfen hat, oder einem kastrierten Männchen. Durch das Vorbild lernen sie, was man fressen kann. Der oder die Alte muß natürlich lieb zu den Jungen sein und darf sie nicht schikanieren.

*R*und 12 Stunden nach der Geburt ist die Meerschweinchenmutter bereits wieder brünstig und kann erfolgreich gedeckt werden.

Wie oft darf das Weibchen gedeckt werden?

Wie eben schon gesagt, ist das Meerschweinchen-Weibchen sofort nach der Geburt wieder paarungsbereit. Der Natur freien Lauf zu lassen kann eigentlich nur von Interesse für den Massenzüchter sein, dem es bloß auf recht viele Junge ankommt. Gönnen Sie dem Muttertier Ruhepausen zwischen den Schwangerschaften. Sie werden selbst am besten wissen, ob es durch den letzten Wurf geschwächt wurde. Lassen Sie es sich erholen und erst wieder decken, wenn die Jungen etwa 5 bis 6 Wochen alt sind, also abgabereif. Ein- bis zweimal pro Jahr decken lassen ist ein gutes Mittelmaß und strengt das Weibchen auch nicht an.

☞ Hinweis: Zwischen den einzelnen Würfen sollte der Abstand jedoch nicht länger als 6 bis 12 Monate sein. Es kann sonst passieren, daß das Weibchen nicht mehr aufnimmt oder den Bock nicht mehr an sich heranläßt.

Die Entwicklung der Jungen

Gewicht: Bei der Geburt wiegen die Jungen 40 bis 100 g. Bis zu einem Alter von 5 bis 6 Wochen nehmen sie täglich rund 3 bis 4 g zu. Wiegen Sie sie hin und wieder, damit Sie sich von ihrem Gedeihen auch überzeugen können. Gewichtsverlust ist immer ein Zeichen für eine beginnende Krankheit, auch bei erwachsenen Tieren.

☞ Hinweis: In den ersten Tagen nehmen die Babys nicht zu, manchmal verlieren sie sogar an Gewicht. Das ist normal und muß Sie nicht beunruhigen.

Verhalten: Es ist entzückend zu sehen, wie beweglich die Kleinen bereits kurz nach der Geburt sind. Kaum haben sie das Licht der Welt erblickt, beginnen sie sich vollendet zu putzen. Deswegen wird man selten beobachten, daß die Mutter sie ableckt. Noch am selben Tag haben sie einen regelrechten Hüpfanfall. Dann springen sie mit allen vier Beinchen senkrecht in die Höhe und schlagen in der Luft einen Haken. Sie rennen hintereinander her, flitzen ins Schlafhäuschen hinein und wieder heraus und setzen mit Leichtigkeit über Hindernisse hinweg.

Futter: Regelmäßig versorgt die Mutter ihre Jungen. Sie hat nur zwei Zitzen, doch die Kleinen streiten sich nicht um die Milchquelle. Gelassen wartet jedes, bis es an der Reihe ist. Außer der Muttermilch nehmen sie Heu, Salat, Löwenzahn, Haferflocken und Fertigfutter zu sich.

☞ Hinweis: Lebensnotwendig für sie ist der Blinddarmkot der Mutter, weil dieser die Vitamine B und K enthält (→ Seite 101).

Zusammenleben: Das Familienleben klappt ohne große Probleme. Die Jungen folgen sowohl dem Vater als auch der Mutter. Alles unternehmen sie gemeinsam. Sie fressen zusammen, putzen sich, kuscheln sich aneinander und haben sich, so scheint es, viel zu erzählen. Beim Auslauf trippeln sie im Gänsemarsch hintereinander her, auch in der Wohnung, und wenn doch einmal ein Kleines vom Weg abkommt und sein Verlassenheits-Quieken hören läßt, galoppiert die Mutter oder der Vater so-

Das gegenseitige Berühren der Nasen bedeutet Kontaktaufnahme.

fort herbei und führt es zu den anderen Jungen zurück.

Geschlechtsreif: Mit fünf Wochen werden die Weibchen geschlechtsreif. Wenn Sie die Jungen, die jetzt abgabereif sind, behalten wollen, müssen Sie sie von den Eltern und untereinander nach Geschlechtern trennen. Die Männchen werden erst mit 7 bis 8 Wochen geschlechtsreif. Solange können sie sie zusammenlassen, aber dann müssen auch sie voneinander getrennt werden, da sonst unweigerlich Rangordnungskämpfe ausbrechen (→ Seite 95).

Verstehen lernen, spielen und beschäftigen

Kein Meerschweinchen ist
wie das andere. Jedes hat seine Eigenarten,
die sich schon bei der ersten
Annäherung deutlich beobachten lassen.
Das eine frißt Ihnen bereits
am ersten Tag aus der Hand, das andere
braucht etwas mehr Zeit dazu.
Lernen Sie Ihr Tier kennen, dann können
Sie auch richtig mit ihm umgehen.

*Zutrauen gewinnen. Sobald das Meerschweinchen seine Scheu
überwunden hat, holt es sich die Leckerbissen am liebsten aus
der Hand.*

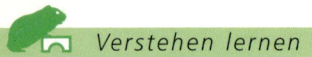

Verhaltensweisen kennenlernen

Haben Sie Ihrem kleinen Hausgenossen schon einmal aufmerksam gelauscht? Wenn Sie ihn verstehen wollen, sollten Sie wissen, was er mit den verschiedenen Lauten und Körperbewegungen sagen will.

Besonderheiten in der Anatomie

Mit wissenschaftlichem Namen heißt das Meerschweinchen *cavia porcellus*, was soviel wie »das

Für einen Lieblingshappen klettern Meerschweinchen sogar.

Schweinchen, das in der Höhle wohnt« bedeutet. Eine gewisse Ähnlichkeit mit unserem Rüsseltier läßt sich nicht bestreiten, auch wenn die beiden nichts miteinander zu tun

haben. Hier sind noch einmal die anatomischen Besonderheiten zusammengefaßt.

Größe und Gewicht: Zwischen 22 und 35 cm, wobei die Weibchen deutlich kleiner sind. Ausgewachsene Männchen wiegen 1000 bis 1800 g, Weibchen 700 bis 1000 g.

Knochenbau: Meerschweinchen haben sehr zarte Knochen und können sie sich leicht prellen und brechen, wenn sie beim Tragen hinunterfallen. Zu heftig drücken und umarmen darf man sie auch nicht (→ Seite 105).

Zähne: Meerschweinchen haben 20 Zähne, nämlich je zwei Nage- oder Schneidezähne im Ober- und Unterkiefer, dazu je 8 Backenzähne. Zwischen Schneide- und Backenzähnen befindet sich eine große Lücke, die sogenannte Diastema. Die Zähne sind wie bei allen Nagetieren wurzellos und wachsen ein Leben lang nach. Deswegen müssen sie durch Nagen ständig abgenutzt werden (→ Seite 59).

Füße: Sie sind nackt, das heißt, die Behaarung reicht nur bis zum Fußgelenk. An den Vorderfüßen sitzen je vier Zehen und Krallen, an den Hinterfüßen drei. Anders als die meisten Nagetiere benutzen Meerschweinchen zum Festhalten der Nahrung nie beide Hände, sondern stellen höchstens mal einen Fuß darauf. Das Gesicht putzen sie sich nur mit der Innenkante der Hände, nie mit der ganzen Handfläche. Sie stehen auf den ganzen Sohlen, gehen aber auf den Zehen, eine Gangart, die auf flinke Läufer hinweist.

Krallen: Die Krallen wachsen ebenfalls ständig nach, aber da Wildmeerschweinchen auf hartem, felsigen Boden laufen, nutzen sie sich von allein ab (→ Seite 59). Weil sie ziemlich breit sind, werden Meerschweinchen auch »Hufpfötler« genannt.

Dem Überleben angepaßt

Meerschweinchen gelten nicht gerade als intelligent, dafür sind sie sehr sozial. Das hat seine Gründe. Die wilden Vorfahren des Hausmeerschweinchens waren aufs Grasfressen spezialisiert, und da ihnen die Nahrung sozusagen in den Mund wuchs, brauchten sie für ihr Überleben keine großen geistigen Fähigkeiten zu entwickeln. Stattdessen bildeten sie soziale Verhaltensweisen aus, die ihnen ein friedliches Leben in der Gemeinschaft ermöglichten, denn der Zusammenschluß im Rudel bot ihnen den größtmöglichen Schutz.

Die meisten Eigenschaften von Wildmeerschweinchen tragen der Tatsache Rechnung, daß sie sich gegen Feinde nicht wehren, sondern sich vor ihnen in Sicherheit bringen müssen. Die Leistungen und Verhaltensweisen, die daraus entstanden sind, sind den Tieren im Laufe ihrer Domestikation nicht abhanden gekommen.

Der Kampf um die Rangordnung

Ein Meerschweinchen-Rudel besteht in der Regel aus einem Bock und 5 bis 6 Weibchen. Für einen zweiten Bock ist kein Platz. Nur einer, der sich im Kampf um die Rangordnung als der stärkste erwiesen hat, führt als »Pascha« seinen Harem. Allen anderen Männchen wird das Decken eines Weibchens verwehrt. Solange sie jung sind, bilden sie am Rande der Sippe kleine Gruppen und bleiben sozusagen unter sich. Doch mit Einsetzen der Geschlechtsreife hört diese Einigkeit auf, und sie fangen an, um die Weibchen zu kämpfen.

Zuerst versuchen sie einander zu imponieren. Sie drücken ihre Beine durch, um größer zu wirken, lassen ein zischendes Schnarren und Zähneklappern hören und umkreisen sich langsam. Dabei will jeder dem anderen in die Seite gelangen, um einen Biß anzubringen. Schließlich springen sie sich gegenseitig an und beißen sich in den Hals oder die Brust. Das kann bis zu 5 Minuten dauern und wiederholt sich so oft, bis ein Männchen unterliegt. Es muß nun das Rudel verlassen und sich woanders behaupten.

☞ Hinweis: Im Gehege würde es jetzt ein trauriges Dasein fristen. Ein solches Tier wird unerbittlich vom Futterplatz vertrieben, findet kein Fleckchen zum Schlafen und muß verkümmern. Zögern Sie nicht allzulange und setzen Sie es in ein eigenes Gehege weit weg vom anderen.

Die Rolle der Weibchen

Weibchen vertragen sich in der Regel sehr gut. Aber auch unter ihnen herrscht eine Hierarchie. Es gibt ein Leitweibchen, das unter seinesgleichen und den Jungtieren für Ordnung sorgt. Dabei zeigt es oft ein spezielles Verhalten. Auf den Hinterbeinen sitzend windet es sein Hinterteil langsam hin und her und klappert mit den Zähnen. Wird ein untergeordnetes Weibchen allzu renitent, muß gelegentlich der Leitbock eingreifen.

Mit den Pfoten das Gesicht »waschen«.

Die Weibchen kümmern sich auch um das Wohlergehen und Fortkommen der Jungen. Solange diese noch ganz klein sind, grasen sie mit den Weibchen in kleinen Gruppen. Wenn sie trinken wollen, gehen sie nicht nur zu ihren eigenen Müttern, sondern auch zu anderen milchgebenden Weibchen. Ab der 2. Lebenswoche schließen sich die Jungen immer mehr dem Leitbock an, der sie so von den Müttern entwöhnt, denn ab der 3. Woche werden sie ja nicht mehr gesäugt.

☞ Hinweis: Wenn Sie eine Meerschweinchensippe im Gehege halten, müssen Sie dafür sorgen, daß die jungen Männchen spätestens mit Erlangen der Geschlechtsreife, das heißt mit 9 bis 10 Wochen abgegeben werden. Dies ist nicht nur zur Vermeidung von Kämpfen notwendig, sondern verhindert auch allzu unkontrollierten Nachwuchs.

An einem rauhen Lavastein können sich die Krallen abnützen.

Überlebensstrategie

Meerschweinchen haben Fähigkeiten, mit denen sie trotz der großen Zahl ihrer Feinde, zum Beispiel Schlangen, Füchse oder Raubvögel, überleben können. Sie legen zwischen ihren Schlupfwinkeln und Futterplätzen ein vielverzweigtes Netz von Trampelpfaden an, in dem sie sich bestens auskennen und das ihnen eine rasche Flucht ermöglicht. Sie bewegen sich durch möglichst hohes Gras flink und leichtfüßig fort, damit sie von Feinden nicht so schnell entdeckt werden. Auf ihren Wegen halten sie immer Kontakt zueinander, das heißt, sie trippeln im Gänsemarsch hintereinander her und führen die Jungen zwischen sich. Dabei verständigen sie sich mit Gluckslauten, die eigentlich nie verstummen. Während die Gruppe weidet, muß eines der Tiere Wache halten. Sobald es auch nur das klein-

Mit der Zunge das Fell glätten.

ste Geräusch wahrnimmt, stößt es ein Quieken aus, worauf im Nu alle verschwunden sind. Bleibt einem Meerschweinchen einmal tatsächlich kein Ausweg mehr, wirft es sich auf den Rücken und stellt sich tot. Dadurch läßt sich der Feind manchmal täuschen (→ Seite 100). Zusätzlich

Mit den Krallen Staub und lose Teilchen aus dem Haarkleid entfernen.

hat die Natur durch die starke Vermehrung dafür gesorgt, daß Meerschweinchen nicht ausgerottet werden können.

Meerschweinchensprache

Wer die Sprache der Meerschweinchen verstehen will, muß sowohl gut hinschauen als auch zuhören, denn oft sind ihre Lautäußerungen mit einer bestimmten Körpersprache verbunden (→ Seite 100).

➤ Quieken: Es klingt wie das Pfeifen eines Wasserkessels, bedeutet ein ganz unmißverständliches Betteln um Futter und ist die einzige Lautäußerung, die das Meerschweinchen ausschließlich dem Menschen vorbehält.

➤ Fiepen oder klägliches Quieken: Es wird von einem Jungen ausgestoßen, das sich verlaufen hat, Mutter oder Geschwister nicht sofort sichtbar sind oder irgendein Geräusch ihm angst macht. Auch

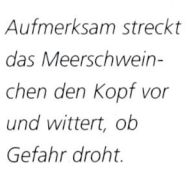

Aufmerksam streckt das Meerschweinchen den Kopf vor und wittert, ob Gefahr droht.

einzeln gehaltene Tiere fiepen und werben damit um Kontakt. Dann sollten wir uns um unseren Schützling kümmern.

➤ Glucksen und Gurren: Die Mutter läuft mit beruhigendem Gurren zu ihrem Jungen und verspricht durch sanftes Glucksen Schutz und Wärme. Das Glucksen ist überhaupt ein Laut, der rundum Zufriedenheit ausdrückt. Dies kann mit Bocksprüngen noch unterstrichen werden.

➤ Grunzen: Es ist die freundlichste Art der Begrüßung. Mitglieder einer Sippe grunzen so, wenn sie sich draußen treffen. Dabei beschnuppern sie sich gegenseitig mit Nasenkontakt.

➤ Knurren und Zähneklappern: Ein Meerschweinchen, das knurrt, fühlt sich dem anderen gegenüber schwach. Das kann auch der Mensch sein. Meist senkt es dabei den Kopf und bittet hiermit um Frieden. Wird die Geste nicht verstanden, steigert sich das Angstknurren in ein wütendes Zähneklappern, die einzige Drohgebärde, die Meerschweinchen kennen. Dieses Zähnewetzen ist Vorspiel des Rivalenkampfes, und meistens bleibt es dabei. Lassen Sie also Ihr Tier in Ruhe, wenn es so drohend zittert, denn es könnte ein kräftiger Biß folgen.

➤ Brummen und Knattern: Das Männchen gibt diese Laute von sich, wenn es sich einem brünstigen Weibchen werbend nähert.

➤ Chirpen: Hausmeerschweinchen äußern sich mit diesen Lauten sehr selten, wenn überhaupt. Es sind sehr hohe Quiektöne, die mit voller Intensität ausgestoßen werden. Beim Ertönen des »Gesangs« erstarren alle anderen Meerschweinchen, die sich in der Umgebung befinden. Was es damit auf sich hat, ist noch nicht genau geklärt.

Wahrscheinlich befindet sich das Tier, daß diese Laute ausstößt, in hoher Erregung und zusätzlich in einem starken Konflikt, den es nicht gleich lösen kann.

Als Ersatzhandlung stößt es die Chirplaute aus.

Sinnesleistungen

Als reine Fluchttiere müssen Meerschweinchen mit sehr guten Sinnesorganen ausgestattet sein, um die Gefahr rechtzeitig zu erkennen.

Hören: Meerschweinchen hören ausgezeichnet. Besonders helle Töne nehmen sie noch in einem Bereich bis zu 33 kHz wahr, Menschen bis zu 20 kHz. Das liegt daran, daß die Schnecke des Innenohrs vier Windungen hat (beim Menschen nur zweieinhalb) und so Platz für mehr Hörzellen ist.

Sehen: Das Sehvermögen ist ebenfalls sehr gut ausgebildet. Ihr Gesichtsfeld ist relativ weit, so daß sie Feinde von allen Seiten frühzeitig wahrnehmen können, ohne den Kopf bewegen zu müssen.

Anhand von Versuchen hat man herausgefunden, daß Meerschweinchen auch in der Lage sind, Farben zu unterscheiden, vor allem Gelb, Rot, Grün und Blau (→ Das Farbenspiel, Seite 113).

Riechen: Der Geruchssinn, der tausendmal besser ist als der des Menschen, dient vor allem dem Geschlechts- und Kontaktverhalten. Ein sippenfremdes Tier wird am Geruch erkannt, und auch die verschiedenen Mitglieder der Menschenfamilie nehmen sie an ihrem Duft wahr. Duftmarkierung mit Harn sowohl des Partners als auch des Reviers spielt eine wichtige Rolle.

Schmecken: Ob Meerschweinchen Süßes von Saurem unterscheiden und eine Erdbeere der Orange aus diesem Grund vorziehen, sei dahingestellt. Auf jeden Fall haben sie ihre Geschmacksvorlieben. Ein wenig Nachahmung spielt wohl mit. Was den erwachsenen Tieren schmeckt, kann nicht schlecht sein.

Tasten: Die Tasthaare, die rund um das Schnäuzchen wachsen, helfen dem Meerschweinchen, sich auch im Dunkeln zu orientieren und es um Hindernisse herumzuführen. Außerdem mißt es mit diesen sensiblen Fühlern die Breite von Öffnungen und weiß so, daß es nicht steckenbleibt.

Ihre Zähne zeigen Weibchen, um zudringliche Männchen abzuwehren.

Körpersprache

Wer sein Meerschweinchen verstehen will, muß seine Körpersprache kennen. Je besser man darüber Bescheid weiß, desto mehr lernt man das Verhalten seines Tiers richtig einschätzen. Zum Beispiel kann es sich beim Auslauf in der Wohnung plötzlich von etwas bedroht fühlen oder vor unvermuteten, lauten Geräuschen erschrecken. Dann zieht es seine Beinchen ein und drückt sich ganz eng an die Wand. Bleibt ihm kein Ausweg mehr, stellt es sich tot, indem es sich reglos auf den Rücken legt. Nur in außergewöhnlichen Streßsituationen kann es vorkommen, daß sich selbst das so friedfertige Meerschweinchen dem Feind stellt. Wird die Drohgebärde (→ Meerschweinchensprache, Seite 98) dann nicht verstanden, kann es einen doch tatsächlich in den Finger beißen.

Sprache von Meerschweinchen zu Meerschweinchen

Sich Beriechen: Um zu wissen, wen man vor sich hat, berühren Meerschweinchen sich mit der Nase und nehmen Schnupperkontakt auf. Oder sie machen Analkontrolle. Dabei wird geprüft, ob es sich um ein rudelfremdes Meerschweinchen handelt, welchem Geschlecht es angehört oder bei einem Weibchen, ob es zur Paarung bereit ist.

Imponiergehabe: Vor einer Auseinandersetzung versuchen die Männchen einander zu imponieren. Sie machen sich »groß«, indem sie die Beine durchdrücken und sich hoch aufrichten. Oft bleibt es nur bei diesem Imponiergehabe. Fühlt sich einer der Kontrahenten besonders stark, zeigt er es, indem er den Kopf rechtwinklig nach oben hebt.

Zähne zeigen (→ Zeichnung, Seite 99): Wenn Meerschweinchen ihr

_1_ Männchen machen ist für das Tier keine einfache Übung.

_2_ Luftsprünge machen besonders Jungtiere aus lauter Übermut.

<u>3</u> *Das Fressen von Blinddarmkot ist lebensnotwendig.*

Mäulchen weit aufreißen und dabei ihre Nagezähne entblößen, kann das eine Abwehr- und Drohgebärde sein, oder sie gähnen ganz einfach nur. »Bleib mir vom Leibe«, scheinen Weibchen zu sagen, wenn sie mit dieser Geste zudringliche Männchen abwehren. Zu einem Biß kommt es dabei in der Regel nicht. Ganz anders bei Rangordnungskämpfen. Das überlegene Männchen droht zuerst mit Maulaufreißen, Aufstellen der Haare und Zähnewetzen dem schwächeren Männchen. Wenn dieses jetzt nicht sofort flieht, fliegen die Fetzen und es kann zu bösen Beißereien kommen.

<u>Harnspritzen:</u> Weibchen setzen sich damit gegen unerwünschte Bewerber zur Wehr. Dabei heben sie den Hinterleib an und schießen plötzlich einen Harnstrahl auf den Störenfried ab.

Männchen unterstreichen mit Harnspritzen ihre Werbung. Oder sie drücken umgekehrt ihre Verachtung aus, wenn sie bei der Balz nicht zum Zuge gekommen sind.

Weitere wichtige Verhaltensweisen

<u>Aufmerksamkeit</u> (→ Zeichnung, Seite 98): Als reines Fluchttier muß das Meerschweinchen sehr wachsam sein. Wenn ihm etwas nicht geheuer ist, streckt es aufmerksam den Kopf vor, preßt sich an den Boden und versucht mit allen Sinnen zu erfassen, ob Gefahr droht.

<u>Kotkügelchen fressen</u> (→ Zeichnung 3): Das Fressen von Blinddarmkot, um den es sich dabei handelt, ist lebensnotwendig. Meerschweinchen bilden in ihrem Blinddarm die Vitamine des B-Komplexes und versorgen sich damit durch das Aufnehmen von diesem Kot, der heller und weicher ist als die normalen Kotpillen. Auch Jungtiere nehmen kurz nach ihrer Geburt schon Blinddarmkot von ihrer Mutter auf.

<u>Aufstellen</u> und Männchen machen ist für Meerschweinchen zwar ein schwieriger Balanceakt, aber um an leckeres Futter zu kommen, tun sie alles (→ Zeichnung 1).

<u>Luftsprünge</u> bedeuten Übermut und gute Laune (→ Zeichnung 2). Vor allem Jungtiere hüpfen wie die Ziegenböckchen umher. Andere Spiele, bei denen zum Beispiel Droh- und Kampfverhalten geübt wird, fehlen bei Meerschweinchen. Mit Einsetzen der Geschlechtsreife läßt der Spieltrieb nach und wird durch den Sexualtrieb ersetzt. Aber auch erwachsenen Meerschweinchen kann man ihn erhalten, wenn man sie viel laufen läßt und mit Beschäftigungen auf Trab hält (→ Seite 113).

Richtiges Eingewöhnen

Für Kinder gibt es kein idealeres Heimtier als das Meerschweinchen. Es mag gern gestreichelt und geknuddelt werden und wird um so lebhafter und aufgeweckter, je mehr Ansprache es hat.

Das neue Zuhause

Bringen Sie das Meerschweinchen auf dem kürzesten Weg nach Hause. Wenn Sie im Auto oder mit der Bahn fahren, nehmen Sie es in seiner kleinen Transportschachtel oder in einem Körbchen auf den Schoß, sonst wird es zu sehr durchgeschüttelt. Die Situation ist ja ganz ungewohnt, deswegen sollten Sie den Streß des Transports so gering wie möglich halten (→ Seite 22).

Zu Hause angekommen, stellen Sie das Transportkistchen in den Käfig, öffnen es und lassen das Meerschweinchen von selbst herauskommen. Der Käfig sollte folgendermaßen vorbereitet sein:

➤ Über der Einstreu eine dicke Heu- oder Strohlage.

➤ Zimmerwarmes Wasser in der Nippeltränke.

➤ Ein wenig Körnermischfutter im Napf, ein Viertel Apfel und ein Salatblatt.

Im Heu kann sich das Tier verkriechen und von diesem sicheren Schlupfwinkel aus alles in Ruhe beobachten. Vielleicht wird es daran auch knabbern und seinen ersten Hunger stillen. Je friedlicher es um den Käfig herum zugeht, desto schneller wird sich das Tier an seine neue Umgebung gewöhnen.

☞ Hinweis: Das Schlafhäuschen sollten Sie nicht von vornherein in den Käfig stellen, sondern damit warten, bis das Meerschweinchen handzahm ist. Sonst hält es sich am Ende nur in seinem Versteck auf.

So kann man sich beschnuppern und gut kennenlernen.

Eingewöhnung

Damit das Meerschweinchen merkt, daß ihm von seiner Umgebung nichts Böses droht, sollte es seine Beobachtungen machen können. Es ist also sinnvoll, den Käfig auf einen Tisch zu stellen, sonst sieht das Tier ja nur die Füße seines Menschen. Eine Zeitlang sitzt es still da, verborgen unter Stroh oder Heu. Hie und da wird es daran knabbern, denn das trägt zu seiner Beruhigung bei, und es wird auch aus Heu sein Bett machen. Das kann Stunden dauern, manchmal aber auch Tage, je nachdem, wie ängstlich das Meerschweinchen ist.

Wenn es zu fressen und zu trinken anfängt, sich vielleicht anschließend noch putzt, ist der erste Schock schon überstanden. Jetzt können Sie mit dem Handzahm-Machen beginnen, es streicheln und mit ihm reden. So gewöhnt es sich an Sie und die übrigen Familienmitglieder. Damit es auch das Zimmer kennenlernt, in dem es ab jetzt wohnt, sollten Sie es frei laufenlassen. Dabei wird sich das Meerschweinchen so benehmen, wie es das auch in der freien Natur tun würde. Vorsichtig wagt es, immer wieder Deckung suchend, einige Schritte, dreht sich um und rennt auf demselben Weg zu seinem Käfig zurück. Dann wählt es eine neue Richtung und legt so von seinem Käfig aus »Trampelpfade« an, das heißt, es erkundet das Zimmer immer wieder auf denselben Trippelspuren in allen Richtungen.

☞ Hinweis: Legen Sie dem Meerschweinchen da und dort ein paar Leckerbissen hin, dann wird es sich in seiner neuen Umgebung bald wohl fühlen.

Meerschweinchen und Kinder werden Freunde

Ihr Kind hat es sich so auf seinen neuen Spielkameraden gefreut, und nun funktioniert es nicht gleich mit der Liebe. Jetzt sind Sie als Eltern

Ein Schlupfwinkel ist notwendig.

gefordert, zwischen den Wünschen Ihres Kindes und den Bedürfnissen des Meerschweinchens zu vermitteln.

➤ Kinder möchten das Tier dauernd streicheln, es überall mitschleppen, mit ihm spielen und es dauernd verfügbar haben.

➤ Meerschweinchen brauchen zwar Kontakt, Nähe und Wärme und

103

möchten gern gestreichelt werden.
Doch muß man ihnen Zeit lassen,
sich an alles Neue zu gewöhnen, und
das geht nicht bei jedem Tier gleich
schnell (→ nächster Abschnitt).
Erklären Sie Ihrem Kind, warum es
den neuen Hausgenossen nicht sofort auf den Arm nehmen und mit
ihm kuscheln kann. Warum auf seinen Speiseplan keine Bonbons und
Schokolade gehören. Warum Musik
für sie nur leise erträglich ist, und
warum Freunde, die zum Gucken
vorbeikommen wollen, auf später
vertröstet werden sollten.
Bleiben Sie konsequent und erziehen
Sie Ihr Kind zur Mitverantwortung
beim Füttern, Stallsäubern, bei der
Pflege und kleinen Erledigungen. Nur
so lernt es, daß Liebe zu einem Lebe-
wesen auch Zeit haben heißt, da sein
und Verantwortung übernehmen.

Handzahm-Machen

Da Meerschweinchen schon so lange
in der Obhut des Menschen sind, ist
ihnen seine Gegenwart und sein Ge-
ruch auch nicht mehr richtig fremd.
Jungtiere, also 4 bis 6 Wochen alte
Meerschweinchen, sind allerdings
noch scheu und müssen zu ihrem
Menschen erst einen engeren Kon-
takt knüpfen. Gehen Sie beim
Handzahm-Machen schrittweise vor.
Der erste Schritt: Strecken Sie dem
Meerschweinchen unter sanftem
Reden eine Möhre oder ein Apfel-
stückchen entgegen. Sie müssen nur
Geduld haben, denn es wird sich
nicht sofort heranwagen, sondern

vielleicht ein bißchen in die Richtung schnüffeln. Sobald es seine
Angst überwindet und sich den
Leckerbissen aus der Hand holt, ist
das erste Eis gebrochen.
Der zweite Schritt: Jetzt, da sich das
Meerschweinchen an den Geruch
Ihrer Hand gewöhnt hat und weiß,
daß ihm davon nur Gutes zukommt,
können Sie es sanft am Kopf kraulen. Weil ihm das angenehm ist,
wird es ganz ruhig dasitzen und ge-
nießen. Nun können Sie ihm auch
sanft über den Rücken streicheln.
Wenn es auch da nicht mehr zu-
rückzuckt, haben Sie sein Vertrauen
gewonnen.
Der dritte Schritt: Da das Meerschweinchen jetzt nicht mehr vor
Angst vergeht, sollten Sie es immer
mal wieder aus dem Käfig nehmen
und sich auf den Schoß setzen. So
wird der Kontakt immer enger. Je
nach Meerschweinchen werden diese

*Zum Hochheben fassen Sie das Meer-
schweinchen am besten mit der linken
Hand um die Brust, mit der anderen
stützen Sie sein Hinterteil.*

drei Schritte mehr oder weniger Zeit in Anspruch nehmen. Sie dürfen nur nicht die Geduld verlieren. Erklären Sie das auch Ihrem Kind, das sich ja einen Spielgefährten gewünscht hat. Es darf gewiß sein, daß auch das scheueste Meerschweinchen mit der Zeit aus der Hand fressen wird.

☞ Hinweis: Reden Sie immer nur mit gleichmäßig leiser Stimme mit dem Meerschweinchen und bewegen Sie sich auch nicht heftig. Es würde davor zurückschrecken und nur sehr langsam Zutrauen gewinnen.

Wenn ein Meerschweinchen nicht zutraulich wird

Es gibt nur ganz wenige Tiere, bei denen die eben beschriebene Methode anfangs erfolglos bleibt. Vielleicht haben sie in den ersten Wochen ihres Lebens schlechte Erfahrungen gemacht, deretwegen sie besonders scheu und ängstlich sind. Da hilft nur eines: Die Methode der »sanften Gewalt«. Dabei kommt Ihnen entgegen, daß das Meerschweinchen sich in Gefahrmomenten lieber »totstellt« als zur Wehr setzt.
Nehmen Sie es immer wieder auf den Schoß, streicheln Sie es und sprechen Sie beruhigend und leise mit ihm. Geben Sie ihm sein Grünfutter oder besondere Leckerbissen nur aus der Hand und üben Sie sich in Geduld. Langsam wird das Tier die Erfahrung machen, daß ihm von diesem Menschen nichts droht.

Doch es wird natürlich viel länger dauern, bis es Zutrauen zu Ihnen gewinnt.

☞ Hinweis: Einem solchen Meerschweinchen geben Sie erst mal kein Schlafhäuschen in den Käfig, son-

Beim Herumtragen das Tier auf den angewinkelten Unterarm setzen und mit der anderen Hand festhalten.

dern nur genügend Stroh, in das es sich verkriechen kann. Es hat dann für sich das Gefühl des Schutzes, kann sich aber nicht vollständig von seiner Umwelt abkapseln.

Richtiges Hochnehmen und Tragen

Da Meerschweinchen sehr zartgliedrig sind, sollten Sie sie nie an den Beinen packen oder sie daran gar hochziehen. Das gäbe die schlimmsten Verrenkungen. Am besten fassen Sie das Tier mit der einen Hand von unten her um die Brust, heben es hoch und stützen mit der anderen Hand sein Hinterteil. Wenn Sie es herumtragen wollen, setzen Sie es sich auf den angewinkelten Unterarm und schützen es mit der anderen Hand vor dem Hinunterfallen.

➤ Kinder tragen ihr Meerschweinchen sicherer, wenn sie es mit beiden Händen gegen die Brust halten, so daß es sich mit den Beinchen abstützen kann.

Vertraut werden mit Artgenossen

Meerschweinchen leben artgerechter, wenn sie zu zweit gehalten werden. Dennoch sollten Sie behutsam vorgehen, wenn ein bereits vorhandenes Tier einen Käfiggenossen bekommen soll.

Abgesehen davon wollen Sie die Gesundheit und das Leben Ihres bereits ans Herz gewachsenen Lieblings ja nicht unnötig gefährden. Es kann nämlich durchaus möglich sein, daß das Neue eine Krankheit in sich trägt, die noch nicht zum Ausbruch gekommen ist. Bevor Sie also die beiden zusammensetzen, empfiehlt es sich, den Neuankömmling 3 Wochen in einem anderen Käfig unterzubringen, bis sich gezeigt hat, daß er auch wirklich gesund ist. Zum Aneinandergewöhnen gehen Sie so vor:

1 Anfangs Käfig an Käfig stellen, so daß sich die Tiere sehen und beschnuppern können. Später die Käfigtüren öffnen, dann können sie sich besuchen, behalten aber ihren Heimvorteil.

Meerschweinchen und Zwergkaninchen können innige Freunde werden.

2 Beide Meerschweinchen auf den Schoß nehmen, streicheln und sich beschnuppern lassen.

3 Wenn sich die Tiere verträglich gezeigt haben, in einen Käfig setzen. Eventuell vorher mit parfümierten Händen ausgiebig streicheln. Damit ist für einige Zeit der jeweilige Eigengeruch unterdrückt, die Tiere riechen gleich und vertragen sich.

Gewöhnung an andere Heimtiere

Bei tierliebenden Menschen bevölkern oft noch etliche andere vierbeinige oder schnabeltragende Lieblinge Haus oder Wohnung. Da ist es wichtig, auf die jeweiligen Eigenarten Rücksicht zu nehmen, denn nicht jedes Tier spricht eine Sprache, die auch dem Meerschweinchen geläufig ist (→ Seite 19/20). Manchmal entstehen die dicksten Freundschaften, manchmal ist alle Liebesmüh umsonst.

Um Ihren neuen Hausgenossen mit dem vorhandenen Heimtier vertraut zu machen, gehen Sie am besten immer in drei Schritten vor. Beginnen Sie mit den nachfolgenden Übungen aber erst, wenn das Meerschweinchen sich eingelebt hat und mit seinen Menschen vertraut ist.

Übungen für Hund und Meerschweinchen

1 Den angeleinten Hund zum Käfig führen, ruhig reden, streicheln, bei freundlichem Verhalten loben, bei Bellen mit Pfui zurechtweisen und an der Leine scharf zurückziehen.

2 Meerschweinchen auf den Schoß nehmen. So hat es der Hund in Augenhöhe und kann nicht dominieren. Schnüffeln lassen, dabei aber fest an der Leine halten.

Bei aggressivem Verhalten mit Pfui und scharfem Zurückrucken verweisen, sonst loben und beide Tiere streicheln.

3 Sobald sich der Hund verträglich zeigt, Meerschweinchen im Zimmer laufen lassen. Hund am Halsband heranführen, ruhig reden, streicheln, bei freundlichem Verhalten loslassen. Er darf nicht hinterherjagen, sonst bekommt das Meerschweinchen Todesangst.

Übungen für Katze und Meerschweinchen

1 Katze zum Käfig lassen, streicheln, liebevoll zureden, beim Reintatzeln verweisen, nicht schreien oder hektisch werden.

Reagiert die Katze nicht, kurz mit Wasser anspritzen.

2 Meerschweinchen und Katze auf den Schoß nehmen und streicheln, beide jeweils an der Hand riechen lassen, damit sie mit dem neuen Geruch vertraut werden.

3 Sobald sich die Tiere verträglich gezeigt haben, Meerschweinchen im Zimmer frei laufen lassen, Katze aber noch an die Leine nehmen. Schwierige Übung, da ein umherwuselndes Meerschweinchen den Jagd- und Spieltrieb besonders anspricht. Die Katze erst frei lassen, wenn sie nicht mehr hinterherjagen will.

*M*eerschweinchen und andere Heimtiere müssen mit viel Einfühlungsvermögen aneinander gewöhnt werden. Dennoch entsteht auch dann nicht immer eine Freundschaft von Dauer.

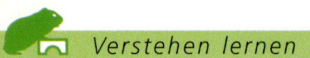

Meerschweinchen erziehen

Meerschweinchen sind sehr gern beschäftigt. Machen Sie sich diesen Trieb beim Auslauf in der Wohnung zunutze, dann ist die Erziehung schon zur Hälfte geschafft.

Wie wird das Meerschweinchen stubenrein?

Meerschweinchen haben die Angewohnheit, ihr »Geschäft« an geschützten Stellen zu erledigen. So knöddeln sie zum Beispiel gern in ihrem Schlafhäuschen oder benutzen eine Ecke des Käfigs als Klo. Diese Gepflogenheit können Sie sich zunutze machen, um das Tier auch während des Auslaufs in der Wohnung oder auf dem Balkon an eine bestimmte Stelle zu gewöhnen, nämlich an die Klokiste. Doch ich sage es ganz offen: Nicht jedes Meerschweinchen kann man zur Sauberkeit erziehen.

Manch ein Tier begreift schnell, was es außerhalb seines Käfigs tun und lassen soll, bei anderen dauert es länger, und je jünger es ist, desto besser sind die Aussichten auf Erfolg. Lassen Sie sich jedoch nicht entmutigen. Die Erfahrung hat gezeigt, daß man einiges tun kann, um ein Meerschweinchen stubenrein zu bekommen.

Die folgenden Ratschläge haben sich in vielen Fällen bewährt.

Das können Sie tun

➤ Stellen Sie schon beim ersten Auslauf eine flache mit Katzen- oder der Käfigeinstreu gefüllte Plastikschale im Zimmer auf und geben Sie ein paar Kotkügelchen hinein.

➤ Setzen Sie das Meerschweinchen immer mal wieder hinein. Seien Sie jedoch nicht böse, wenn es die ersten Male hinaushüpft und das Geschäft im Zimmer erledigt.

➤ Sammeln Sie die Böhnchen auf, geben Sie sie in die Schale und setzen Sie das Tier darauf.

➤ Schreien Sie es nicht an und geben Sie ihm keinen, wenn auch noch so zarten Klaps. Das würde das Tier nur verstören und ihm die Gewöhnung an die Sauberkeit erschweren.

➤ Beobachten Sie, ob es eine Lieblingsecke hat, und stellen Sie dort die Kloschale auf.

➤ Belohnen Sie das Meerschweinchen jedesmal, wenn es die Toilette benutzt, mit einem Leckerbissen.

➤ Pfützen auf Fußboden oder Teppich können Sie mit Essigwasser reinigen. Das desinfiziert, außerdem ist der Geruch nicht angenehm für die

feine Meerschweinchennase. Kotkügelchen lassen sich, wenn sie
trocken sind, gut aufkehren oder
-saugen.

☞ Hinweis: Darf das Tier in der
ganzen Wohnung frei laufen, so ein
Klo in jedem Zimmer aufstellen.
Schlupfwinkel unter Betten, Schrän-
ken oder dergleichen zustellen oder
mit Zeitungen auslegen.

Weitere Tips
➤ Lassen Sie das Meerschweinchen
statt einmal am Tag eine Stunde
mehrmals etwa 20 Minuten laufen.
Dann ist es mit Schnuppern und Erkunden beschäftigt und knöddelt

nicht überall herum, sondern erledigt sein Geschäft erst hinterher im
Käfig.
➤ Füttern Sie das Tier erst nach
dem Freilauf. Dann wird auch die
Tatsache, wieder im Käfig zu sitzen,
nicht als Strafe empfunden, denn
nun kann das Meerschweinchen ja
gleich seiner Lieblingsbeschäftigung
nachgehen, dem Fressen.

Schwierigkeiten bei der Stubenreinheit
Wenn Sie mehrere Tiere frei laufen
lassen, stößt die Erziehung zur Sauberkeit auf Grenzen. Beachten Sie
bitte folgendes:

Zum Knuddeln lieb. Es besteht keine Gefahr, daß das Meerschweinchen zubeißt.

Ein Turm zum Verstecken und Klettern. Aber Achtung! Er muß solide gebaut sein, damit das Tier nicht »abstürzt«.

➤ Ein Männchen, das ja sozusagen ständig auf Freiersfüßen ist, wird immer versuchen, ein Weibchen mit Urin zu bespritzen. Und wenn das Weibchen nicht brünstig ist, wird es sich mit derselben »Waffe« zur Wehr setzen (→ Seite 101).

➤ Sind mehrere Männchen unterwegs, werden sie überall mit Kotkügelchen markieren.

➤ Am saubersten sind die Weibchen. Bei ihnen sollten Sie es auf jeden Fall mit der oben beschriebenen Methode versuchen.

Mit dem Meerschweinchen zur Ausstellung

Wer sein Meerschweinchen während einer Ausstellung zur Bewertung vorführen möchte, tut gut daran, es darauf vorzubereiten. Tiere, die völlig unvorbereitet auf den Richtertisch kommen, haben Angst, rennen weg und wollen sich verstecken. Oder sie geraten so in Panik, daß sie sogar beißen. Muten Sie solche Schreckminuten Ihrem Tier nicht zu, zumal sie sich auch nicht günstig auf die Beurteilung auswirken.

Übung 1:

Legen Sie auf einen Tisch ein Stück Teppich oder spannen Sie Jute darüber. Es sollte eine rauhe Unterlage sein, auf einer glatten rutscht das Tier aus. Das ausgewählte Meerschweinchen daraufsetzen. Wenn es flüchten will, mit leichtem Druck festhalten, streicheln und ihm gut zureden. Hat es sich beruhigt, loslassen. Solange üben, bis es merkt, daß

ihm nichts geschieht und ruhig sitzenbleibt. Das kann ein paar Tage dauern.

Übung 2:

Nun müssen Sie Ihrem Meerschweinchen beibringen, wie es am günstigsten sitzt. Es darf nicht platt wie ein Pfannkuchen auf dem Bauch liegen, sondern muß eine kompakte »Figur« machen.

Das Tier so plazieren, daß es sozusagen auf den Hinterbeinen hockt und die Vorderbeine durchgestreckt hat. So zeigt es eine schöne runde Hinterhand und läßt auch die Konturen von Schulter, Brust und Kopf gut erkennen. Diese Übung solange wiederholen, bis das Meerschweinchen kapiert hat, daß das Zurechtrücken von Rumpf und Gliedmaßen keinerlei Gefahr bedeutet und es die Position beibehält. So wird es sich auch nicht fürchten, wenn es in den Trubel einer Ausstellung gerät, wo es ja noch dazu eine »gute Figur« machen soll. Ein Tier, das ruhig auf dem Richtertisch sitzt, zeigt seine guten Seiten auf jeden Fall besser als eines, hinter dem man dauernd her sein und Angst haben muß, daß es hinunterfällt.

☞ Hinweis: Es muß klar sein, daß sich etwaige Fehler im Körperbau natürlich auch nicht durch eine noch so gute Stellung vertuschen lassen.

*W*er sein Tier auf einer Ausstellung zeigen möchte, sollte vorher ausgiebig mit ihm üben, damit es nicht in Panik gerät, wenn es auf dem »Präsentiertisch« sitzt.

Pfiffige Spielideen

In der Wildnis sind Meerschweinchen immer auf Trab, laufen und hüpfen, spielen und verstecken sich. Klar, daß sie ihren Tatendrang auch im Zusammenleben mit dem Menschen befriedigen möchten.

Spielecke für Meerschweinchen

Meerschweinchen sind keineswegs die langweiligen Tiere, für die sie so oft gehalten werden. Im Gegenteil, sie haben Fähigkeiten, die zu trainieren nun an Ihnen liegt. Schließlich werden sie von dem, was sie in der freien Natur in Bewegung hält, als Heimtiere nicht gefordert. Doch die Eigenschaften bleiben und liegen brach, wenn den Meerschweinchen nichts zur Verfügung steht, was diese Betriebsamkeit zufriedenstellen würde. Ich habe ja schon erzählt, daß sie im hohen Gras vielverzweigte Trampelpfade anlegen und sich in diesem Netz bestens auskennen, um bei Gefahr rasch in ihre Erdbauten flüchten zu können. Ein leerer Fußboden entspricht diesem Bedürfnis nicht, im Gegenteil, die Tiere würden sich nur immer an der Wand entlangdrücken oder die angebotenen Bewegungsmöglichkeiten gar nicht in Anspruch nehmen und gelangweilt vor sich hindösen.

Schaffen Sie also eine Spielecke für Ihr Meerschweinchen. Mit verschieden großen Pappschachteln und stabilen Holzbausteinen können Sie eine »Landschaft« gestalten und sie durch Verstellen und anders Anordnen beziehungsweise durch Hinzufügen von neuen Sachen öfters verändern. So läßt sich alles immer wieder neu erkunden. Sie werden sehen, wie lebhaft und neugierig das Meerschweinchen auf jede Abwechslung reagiert, so daß Sie beim Zuschauen

Spielerisch lernen Meerschweinchen, eine bestimmte Napffarbe zu erkennen.

In dieser »Landschaft« können Meerschweinchen ihre natürlichen Fähigkeiten trainieren.

und Beobachten noch einmal soviel Freude haben. Motivieren Sie das Tier immer mit einem Leckerbissen.

☞ Hinweis: Zu zweit macht es auf jeden Fall mehr Spaß, wobei »der zweite« durchaus auch ein anderes Tier sein kann, zum Beispiel ein Zwergkaninchen. Die Tiere motivieren sich gegenseitig zum Laufen und Springen. Vor allem die Springlust eines Jungtiers wirkt sehr ansteckend.

Daß zwei Tiere dabei sogar eine Art Gemeinsamkeit entwickeln können, etwa um ein Hindernis aus dem Weg zu räumen, ist auch schon vorgekommen. Da sage man noch etwas Abfälliges über die Intelligenz von Meerschweinchen.

Das Farbenspiel

Farben können Meerschweinchen unterscheiden. Das hat man mit Hilfe eines Versuchs herausgefunden, der sich ganz leicht selbst nachvollziehen läßt.

Stellen Sie vier gleich geformte Plastiknäpfe in den Farben rot, gelb, grün und blau in jeweils 60 cm Entfernung voneinander auf. Kurz bevor das Spiel beginnt, wird nur der rote Napf mit Körnerfutter gefüllt, die anderen bleiben leer.

Nun lassen Sie das möglichst hungrige Meerschweinchen vom anderen Ende des Raums auf die Näpfe zulaufen. Sobald es den gefüllten Napf ausgekundschaftet hat, tragen Sie es zurück an die Ausgangstelle und lassen es erneut suchen. Irgendwann hat das Tier begriffen, um was es geht. Es wird zielstrebig auf den roten Napf zusteuern und sich auch nicht beirren lassen, selbst wenn Sie sie vertauschen, so daß der rote an einem anderen Platz steht.

Flötentöne

Auch auf Klänge reagieren Meerschweinchen. Bei lauten Tönen erschrecken sie sich allerdings, deswegen sollten Sie es mit einem zarten Instrument versuchen, zum Beispiel mit einer Blockflöte oder einem Glöckchen. Spielen Sie Ihrem Tier immer eine kleine Melodie vor, wenn Sie ihm das Futter hinstellen. Nach einer Weile wird das Meerschweinchen nur beim Erklingen der Melodie geschäftig herbeilaufen. Oder Sie lassen das Tier Männchen machen, um an einen Leckerbissen

zu kommen, und läuten dabei ein Glöckchen. Schon nach kurzer Zeit beginnt es zu quieken, wenn es klingelt, ohne daß es dafür eine Belohnung bekommt. Denken Sie jedoch daran, daß das Tier auch bereit zu derartigen »Kunststückchen« sein muß. Zwingen sollten Sie es zu nichts. Ob man es allerdings dazu bringen kann, auf den Hinterbeinen zu tanzen, ist mir nicht bekannt.

☞ Hinweis: Wie man sieht, ist im Zusammenhang mit Futter die Lernfreude von Meerschweinchen am größten. Das darf Sie natürlich nicht dazu verleiten, allzu großzügig mit der Verteilung von Leckerbissen umzugehen, selbst wenn Sie es noch so rührend finden, wie eifrig sich das Tier darum bemüht.

Mit Futter lassen sich Meerschweinchen zu etlichen »Kunststückchen« verleiten.

Hindernisrennen

Wenn Sie sich die ursprüngliche Lebensweise von Meerschweinchen vor Augen halten, ist es sehr einleuchtend, sie zum Laufen und Springen zu animieren. Meine Kinder entwickelten eine schier grenzenlose Phantasie, aus allem möglichen Material ein Labyrinth zu bauen, das in etwa den natürlichen Gegebenheiten entspricht. Ich werde nie vergessen, wie eifrig unsere Meerschweinchen gurrten und quiekten, nachdem sie sich darin zurechtgefunden hatten.

Stellen Sie den Käfig in die Mitte und simulieren Sie darum herum das Wegenetz mit Hilfe von Legosteinen, Bauklötzchen, Pappschachteln und -röhren und anderem. Mit mehreren Meerschweinchen lassen sich dann kleine Wettrennen veranstalten. Wer ist der erste an der Mohrrübe? Eine gewisse Stabilität muß das Ganze aber haben, sonst rennen die Tiere in der Hast, an den begehrten Leckerbissen zu kommen, die Hindernisse einfach um. Gestalten Sie die Wege zum Beispiel so, daß sie nicht darüber hinwegsehen können, sondern wirklich der Nase nachgehen müssen.

Wenn Sie nun die Futterhappen geschickt verteilen, lassen sich Meerschweinchen zu einer ganzen Menge bewegen: eine Leiter hochsteigen, über ein Brett balancieren, durch eine Röhre kriechen, in ein Papphäuschen schlüpfen und auf der anderen Seite durch ein Fensterchen wieder hinausklettern und vieles mehr. Ihrem Ideenreichtum sind dabei keinerlei Grenzen gesetzt.

☞ Hinweis: Ordnen Sie das Labyrinth hin und wieder anders an, damit das Meerschweinchen Gelegenheit bekommt, alles neu auszukundschaften. Stehen die Sachen zu lange an derselben Stelle, wird es langweilig und reizt nicht mehr zum Darin-Herumlaufen.

Sport im Käfig

Es braucht nur wenig, um die Tiere auch im Käfig zu einigen »Turnübungen« zu veranlassen. Probieren Sie es einmal mit diesen Mitteln.

➤ Stellen Sie das Schlafhäuschen auf eine Plattform und lassen Sie das Meerschweinchen über einen Steg dorthin gelangen. Oder Sie plazieren einen Lavastein so davor, daß es darüberklettern muß (→ Seite 47).

➤ Trennen Sie den Futterplatz vom Schlafplatz mit einem Holzbrett, in das ein Loch geschnitten ist. Nun muß das Meerschweinchen immer hindurchklettern, um von einem zum anderen zu gelangen.

➤ Wenn Sie den Futterplatz mit Ästen und Steinen versperren, erzielen Sie denselben Effekt. Es versteht sich von selbst, daß so ein Hindernislauf nicht zur Tierquälerei ausarten darf.

*E*ntgegen der landläufigen Meinung kann man mit Meerschweinchen ausgiebig spielen und sich mit ihnen beschäftigen. Für ein Hindernisrennen sind die Tiere zum Beispiel immer gern zu haben.

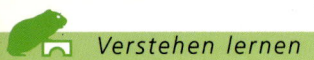

Probleme und wie sie sich lösen lassen

Schiefe Füße, lange Zähne, Kotfressen sollten nach der Lektüre dieses Buches keine Probleme mehr bereiten. Aber was tun, wenn das Meerschweinchen beim Auslauf alles annagt oder sonstige »Unarten« hat?

Teppich- und Tapetenfressen

Ihr Meerschweinchen ist während des Freilaufs in der Wohnung ständig auf Entdeckungsreisen. Dabei nagt es leider auch an Dingen, an denen es das nicht soll, zum Beispiel am Teppich, an der Tapete, an Büchern und Zeitschriften, überhaupt sehr gern an Papier. Abgewöhnen kann man ihm das kaum. Schließlich folgt es seinem natürlichen Nagetrieb, der ja für das Abwetzen der Zähne ganz wichtig ist (→ Seite 59). So läuft es letztlich darauf hinaus, daß Sie so weit wie möglich auf seine Bedürfnisse eingehen, damit es unterläßt, was Sie nicht wollen. Und das können Sie tun:
➤ Lassen Sie nichts Papierartiges in Reichweite des Meerschweinchens herumliegen.
➤ Beaufsichtigen Sie es beim Freilauf und verjagen Sie es mit Händeklatschen, wenn es sich der bestimmten Stelle an der Tapete nähert.
➤ Erwischen Sie es beim Tapeten- oder Teppichnagen, setzen Sie es zurück in den Käfig, sozusagen zur Strafe. Vielleicht merkt es sich mit der Zeit den Zusammenhang.
➤ Bieten Sie ihm zum Nagen trokkenes Brot oder Äste an. Vielleicht hat es nur aus Langeweile genagt.
➤ Hilfreich ist es auch, vor die bevorzugten Nagestellen Möbelstücke zu rücken.

☞ Hinweis: Stromkabel dürfen beim Auslauf nicht herumliegen oder in irgendeiner Weise erreichbar sein. Das hätte tödliche Folgen (→ Gefahren, Seite 50).

An den Gitterstäben nagen

Es kommt vor, daß das Meerschweinchen trotz genügend Nagemöglichkeiten an den Gitterstäben des Käfigs nagt.
Dieses Verhalten kann viele Ursachen haben.
➤ Das Meerschweinchen ist sehr lebhaft und will hinaus, um die Gegend zu erkunden.
➤ Es sitzt allein im Käfig und möchte zu seinem Spielkameraden, der draußen sein darf.

Dieses Schlafhäuschen aus Baumrinde lädt auch zu kleinen Kletterpartien ein.

➤ Das Männchen sitzt im Käfig und möchte hinaus, weil es ein Weibchen wittert.

➤ Zwei Männchen sitzen in getrennten Käfigen nebeneinander, und weil sich jedes mit dem Rivalen messen will, beginnen sie sozusagen mit dem Zähnewetzen.

➤ Das Meerschweinchen ist hungrig und kann die Fütterungszeit kaum erwarten.

Was dagegen zu tun ist:

➤ Die Gitterstäbe mit Essig einreiben. Der Geschmack ist dem Meerschweinchen zuwider. Wenn es bei dem Ihrigen nicht klappen sollte,

müssen Sie es mit einem anderen Geschmack versuchen.

➤ Statt des Gitters ein Kunststoffoberteil verwenden (→ Seite 45). Eine andere Art ist, auf dem Röhrchen der Nippeltränke herumzukauen und es kaputt zu machen. In diesem Fall müssen Sie Ihrem Tier das Trinkwasser jeden Tag frisch im Napf reichen.

Panik vermeiden

Manche Meerschweinchen verfallen in regelrechte Panik, wenn man den Käfig aufmacht und sie herausnehmen möchte. Diese Reaktion ergibt sich aus der Tatsache, daß diese kleinen Tiere, wehrlos wie sie sind, ihr Heil nur in der Flucht suchen können (→ Seite 97). Tauchen Sie nun unvermutet vor dem Käfig auf und greifen Sie gar mit der Hand hinein, verbindet sich das mit dem instinktiven Gefühl »Gefahr von oben: Raubvogel«. Da Flucht aber in dem engen Käfig nicht möglich ist, bricht die Panik aus. Vermeiden Sie also folgendes:

1 Stellen Sie den Käfig nicht auf den Boden, sondern auf einen erhöhten Platz, zum Beispiel einen soliden Tisch. Dann wirken Sie nicht riesengroß und somit bedrohlich.

2 Schleichen Sie sich nicht an den Käfig heran, sondern reden Sie schon vorher beruhigend auf das Tier ein.

3 Reißen Sie die Käfigtür nicht auf, sondern öffnen Sie sie behutsam. Langsam mit der Hand hineinreichen, das Meerschweinchen von vorne unter den Bauch greifen und eventuell mit einem Leckerbissen locken.

☞ Hinweis: Machen Sie das Meerschweinchen so handzahm, wie ich es auf Seite 104 beschrieben habe, dann ist es an Sie gewöhnt und braucht keine Angst mehr zu haben.

Haare abfressen

Sie halten zwei Langhaar-Meerschweinchen zusammen und müssen nun feststellen, daß das eine an den Haaren des anderen knabbert und

ihm bereits richtige Löcher ins Fell gefressen hat. Das schadet zwar nicht der Gesundheit, sieht aber sehr unschön aus.

Diese Unart, sich gegenseitig sozusagen an die Wäsche zu gehen, kann mehrere Ursachen haben.

➤ Oft entsteht sie aus Langeweile. Man kann sie bei vielen Tieren beobachten, die in Käfigen gehalten werden. Bekannt dafür sind die armen Legebatterie-Hühner, die sich alle Federn auspicken. Sorgen Sie für eine abwechslungsreiche Käfigeinrichtung, mehr Auslauf und viel Zuwendung.

➤ Manchmal haben die Tiere zu wenig zu knabbern. Stellen Sie ihnen immer genügend Heu und steinhartes Brot oder Äste zur Verfügung.

➤ Meist tritt diese Unart in den Wintermonaten auf, in denen die Tiere weniger Frischfutter bekommen. Wenn auch ein direkter Zusammenhang noch nicht nachweisbar ist, sollten Sie diesem Mangel entgegenwirken.

Manche Langhaar-Meerschweinchen sind verhaltensgestört, und dann kann man nichts dagegen machen.

☞ Hinweis: Wenn sich Ihr Meerschweinchen von dieser »Liebhaberei« nun gar nicht abbringen läßt, was leider vorkommt, müssen Sie es einzeln halten oder mit einem Kurzhaar-Meerschweinchen zusammentun. Bei dessen »Frisur« kann es keinen Schaden anrichten.

Kinder tragen ihr Meerschweinchen sicherer, wenn sie es mit beiden Händen gegen die Brust halten.

Lieb und vorwitzig schaut unser Meerschweinchen drein. Kein Wunder, wenn man daran sein Herz verliert.

Mein Meer-schweinchen

Name: ....

Wichtiges auf einen Blick

Name: ....   Rasse: ....

Farbe: ....   Gewicht: ....

Geschlecht: ....   Gekauft am:..

Besondere Merkmale: ....

Lieblingsfutter: ....

Typisch mein Meerschweinchen ....

....

....

....

....

Tierarzt, Name, Adresse: ....

....

121

Sachregister

Die **halbfett** gesetzten Seitenzahlen verweisen auf Farbfotos und Zeichnungen. U=Umschlagseite

Beim Auslauf nehmen die Eltern die Kinder zwischen sich, damit keines verlorengeht.

Flötentöne klingen in Meerschweinchenohren gut
(→ Flötentöne, S. 114).

Im Rudel trinken die Jungen oft auch an anderen milchgebenden Weibchen.

Adressen, die weiterhelfen

Meerschweinchenfreunde
   Deutschland (MFD),
   Bundesverband Deutsch-
   land e.V.,
   Geschäftsstelle:
   Postfach 10 11 29,
   D-63011 Offenbach

Außenstelle Österreich:
   Monica Arthold,
   Hintzerstr. 1/II/13,
   A-1030 Wien
   oder:
   Überfuhrstr. 14/II,
   A-5026 Salzburg-Aigen

Vereinigung Deutscher
   Rassemeerschweinchen-
   züchter VDRZ
   Birgit Klee
   Obere Str. 16,
   D-34479 Breuna

Vereinigung der Schweizer
   Meerschweinchenfreunde,
   Eveline Kieliger,
   Rheinhaldenstr. 60,
   CH-8200 Schaffhausen

Kantonaler Cavia Verein
   Solothurn,
   Trudi Binz,
   Sandackerstr. 6,
   CH-4573 Lohn-
   Ammannsegg

Die oben genannten Vereine
können Ihnen Adressen von
Meerschweinchen-Züchtern

in Ihrer Nähe nennen. Bitte
legen Sie bei schriftlichen
Anfragen stets einen fran-
kierten Rückumschlag bei.

Fragen zur Meerschweinchenhaltung beantworten auch:

Ihr Zoofachhändler oder
der Zentralverband
Zoologischer Fachbetriebe
Deutschlands e.V.,
63225 Langen,
Telefon: 06103/910732
(nur telefonische Auskunft
möglich).

Bücher, die weiterhelfen

(falls nicht im Buchhandel,
dann in Bibliotheken
erhältlich)

Behrend, Katrin: *Meer-
   schweinchen richtig pflegen
   und verstehen.* Gräfe und
   Unzer Verlag, München.
Day, Christopher: *Homöo-
   pathischer Ratgeber
   Heimtiere.* BLV Verlag,
   München.
Gabrisch, K.; Zwart, P.:
   Krankheiten der Heimtiere.
   Schlütersche Verlagsanstalt,
   Hannover.
Hamel, Ilse: *Das Meer-
   schweinchen, Heimtier
   und Patient.* Fischer,
   Gustav, Jena.
Isenbügel, E.; Frank, W.:
   Heimtierkrankheiten. Eugen
   Ulmer Verlag, Stuttgart.

Leibenguth, Friedrich:
   Züchtungsgenetik. Georg
   Thieme Verlag, Stuttgart.
Schmidt, Günter: *Hamster,
   Meerschweinchen, Mäuse.*
   Ulmer Verlag, Stuttgart.
Die wichtigsten Fragen über
   Meerschweinchen. Eine
   Broschüre des Vereins der
   Meerschweinchenfreunde
   Deutschlands e.V., Offen-
   bach.

Zeitschriften, die weiterhelfen

Meerschweinchen-News.
   Herausgeber: Meer-
   schweinchenfreunde
   Deutschland (MFD)
   Bundesverband
   Deutschland e.V.,
   Postfach 10 11 29,
   63011 Offenbach.
Das Tier. Hallwag Verlag,
   Brunnenwiesenstr. 23,
   73760 Ostfildern.

Dank

Autorin und Verlag danken
dem Verein Meerschwein-
chenfreunde Deutschland
e.V. für die freundliche
Unterstützung und die vielen
nützlichen Informationen,
die aus den Beiträgen in
der Vereinszeitschrift »Meerschweinchen-News« zu
entnehmen waren und
dem Tierarzt, Dr. Peter
Hollmann, für die fundierten
Ratschläge zum Kapitel

Wichtige Hinweise

Einige Krankheiten sind auf den Menschen übertragbar (→ Seite 74). Zeigen sich bei Ihrem Meerschweinchen Krakheitsanzeichen (→ Seite 77), sollten Sie unbedingt einen Tierarzt zu Rate ziehen, und gehen Sie im Zweifelsfall selbst zum Arzt.

Es gibt Menschen, die allergisch auf Tierhaare reagieren. Fragen Sie im Zweifelsfall vor der Anschaffung Ihren Tierarzt.

»Gesundheitsvorsorge und Krankheiten«.
Die Fotografin dankt Frau Gaby Maric und Frau Birgit Nasra dafür, daß Sie Ihre wunderschönen Meerschweinchen als »Modelle« für die Fotos zur Verfügung gestellt haben.

Die Autorin
Katrin Behrend, Journalistin, Tierbuch-Redakteurin, lebt und arbeitet in Italien. Das Thema Meerschweinchen ist eines ihrer Spezialgebiete im Heimtierbereich.

Die Fotografin
Karin Skogstad lebt in München. Sie arbeitet seit 1979 als freie Journalistin und Fotografin. Ihre Spezialgebiete sind Tiere und Pflanzen.

Die Zeichnerin
Renate Holzner arbeitet als freie Illustratorin in Regensburg. Ihr breites Repertoire reicht von Strichzeichnungen über fotorealistische Illustrationen bis hin zur Computergrafik.

Fotos
Mit Ausnahme des Fotos auf Seite 7, das aus dem Archiv Okapia / NAS / T. McHugh stammt, sind alle anderen Aufnahmen von Karin Skogstad.

Die Fotos auf dem Buchumschlag:
Umschlagvorderseite: Eine seltene Aufnahme gelang der Fotografin bei diesem Meerschweichen, das mit »offenem« Mund« dasitzt und dessen Zunge zu sehen ist.

Umschlagrückseite: Sind sie nicht süß, wie sie ohne Futterneid gemeinsam an dem Apfel knabbern?

Impressum
© 1995 Gräfe und Unzer Verlag GmbH, München. Alle Rechte vorbehalten. Nachdruck, auch auszugsweise, sowie Verbreitung durch Film, Funk und Fernsehen, durch Fotomechanische Wiedergabe, Tonträger und Datenverarbeitungssysteme jeder Art nur mit schriftlicher Genehmigung des Verlages.

Redaktion: Gabriele Linke-Grün, Anita Zellner
Umschlaggestaltung und Layout : Renate Holzner
Zeichnungen: Renate Holzner
Herstellung: Verena Römer
Satz: Filmsatz Schröter
Reproduktion: Foto Litho Longo
Druck und Bindung: Mondadori

ISBN 3-7742-2635-0

Auflage   5. 4. 3. 2. 1.
Jahr   99 98 97 96 95